인생의 열매들

인생의 열매들

지은이 | 김형석, 김태길, 안병욱
초판 발행 | 2019. 9. 18.
7쇄 발행 | 2023. 3. 16.
등록번호 | 제1999-000032호
등록된 곳 | 서울특별시 용산구 서빙고로65길 38
펴낸곳 | 비전과리더십
영업부 | 2078-3352   FAX | 080-749-3705
출판부 | 2078-3331

책 값은 뒤표지에 있습니다.
ISBN 979-11-86245-32-3 03120

독자의 의견을 기다립니다.
tpress@duranno.com   www.duranno.com

비전과리더십은 두란노서원의 일반서 브랜드입니다.

세 원로 철학자가
남겨 준

인생의
열매들

김형석
김태길
안병욱
지음

비전과리더십

목차

예로부터 어진 아내를 맞이하면 가정이 행복해지고 좋은 친구를 만나면 인생이 성공한다는 얘기가 있다. 나는 안병욱, 김태길 두 분과 함께 친구로 살았기 때문에 행복과 영광을 누렸다고 생각한다. 우리의 행복을 사회와 더불어 나눌 수 있었기 때문이다.

1950년대 초반부터 우리는 서로 이름과 존재는 알고 지냈다. 안 교수는 〈사상계〉(1953년 4월 장준하 주재로 창간된 월간 종합교양지)에서 사회활동을 시작했고, 김 교수는 미국에서 학업을 끝내고 귀국하기 전부터 알려져 있었다. 1950년대 후반부터는 함께 대학에서 교수생활을 시작했다. 김태길 교수는 연세대학교를 거쳐 모교인 서울대학교에 철학자로서의 둥지를 틀고 명실공히 철학계의 대표적 역할을 감당했다. 안병욱 교수는 숭실대학교에서 후학들을 지도했다. 그러는 동안에 우리 셋은 뜻과 힘을 모아 한국 정신계와 사상사에 큰 업적을 남겼다. 세상 사람들은 우리가 활동하는 기간에는 사회과학과 철학을 포함한 인문학 분야에서 가장 큰 발전이 있었다고 평해주었다. 철학계의 삼총사라는 호칭이 그때부터 주어졌다.

우리는 같은 해에 태어났고 동일한 분야의 학문을 전공했는가 하면 우열을 가릴 수 없을 정도로 같은 영역에서 50년 동안 활동했다. 김태길 교수는 우리 중에 학문적인 업적을 가장 많이 남겼고, 안병욱 교수는 우리 가운데 누구보다 폭넓은 사회활동을 한 셈이다. 그렇게 50년 동안 우정을 쌓으면서 함께 일할 수 있었으니, 지금 생각하면 감사할 따름이다.

그러다 나이 90을 넘기면서 우리의 시대는 끝나고 이제 나 혼자 남았다. 나와 안 교수는 같은 지역에서 자라 성년이 되면서 38선을 넘었다. 지금은 강원도 양구에 제2의 고향이 주어져 함께 잠들게 되었다.

나는 지금도 두 친구의 일관된 애국심을 잊을 수가 없다. 나라를 사랑하고 걱정하는 마음이 우리의 우정을 더욱 단단히 해주었다. 각자 많은 저서들을 남겼고 학문과 사회활동에 헌신했다. 셋의 정신을 합쳐 대한민국을 위한 정성스러운 봉사의 열매를 맺었다. 우리 시대가 요청한 역사적 사명이었던 것 같다.

나도 젊었을 때는 여러 선배와 스승들을 존경하며 따랐다. 그러나 나이가 지긋해지고 철이 들면서 두 친구가 그 어느 선배나 스승 못지않은 존경스러운 존재가 되었고 우리는 서로 위해주면서 살았다.

이번에 두란노서원의 일반서 브랜드인 '비전과리더십'에서 우리 세 사람을 기념해 글을 모아 출판하게 된 것에 감사한다. 우리는 세 뿌리에서 자라 큰 나무가 되었다. 이 책을 세 나무줄기에 맺힌 열매들로 기억해주면 좋겠다. 살아 있을 때 동생 되기를 그렇게 반대하던 맏형이 머리글을 쓰게 된 아픈 마음을 이해해주리라고 믿는다.

2019년 9월에

김 형 석

1부

마음의
열매들

사랑

김형석

참다운 사랑의 뜻

사랑이라는 말은 여러 가지 뜻을 가지고 있다. 젊은이들은 이성 간의 연정을 사랑의 전부라고 생각할지 모른다. 그러나 고귀한 우정을 체험해본 사람들은 친구간의 존경심을 사랑의 최고라고 말하기도 한다. 서로의 인격을 소중히 여기며 아껴줄 수 있다면 우정은 사랑의 극치일 수 있다.

한편 어떤 사람들은 예술이나 학문을 사랑하기 때문에 미와 진리를 최고의 가치로 여기기도 한다. 세계적인 예술가나 학자들은 일생에 걸쳐 예술과 학문을 위해 살았다. 그래서 그들이 위대한 업적을 남기게 된 것이다.

또 어떤 사람은 사회나 국가를 정성과 생명을 다해 사랑하기도 한다. 이순신 장군이나 안중근 의사 같은 이는 오로지 민족과 조국을 사랑하는 일념으로 살다가 세상을 떠났다. 민족을 자신의 생명보다 더 사랑했던 것이다.

어떤 종교인들은 하나님이나 신앙의 대상을 위해 인간과 세상적인 모든 사랑을 단절하기도 한다. 속된 욕망을 버린 스님이나 성직자가 된 종교인들은 그 사랑의 대상을 언제나 더 높고 영원한 것에 두었다.

이 모든 것이 사랑이기 때문에, 또 사랑이라는 뜻이나 말과 통하기 때문에 사랑은 한마디로 어떠하다든지 어떤 것이 사랑이라는 생각은 통용되기 어렵다. 사랑에 대한 관념과 그 내용에는 서로 커다란 차이가 있기 때문이다.

그러나 생각을 정리해보면 이 모든 사랑 중에도 서로 통하는 무엇이 있으며 사랑은 사랑이기 때문에 어떤 일치성을 찾을 수 있을 것이다. 그리고 참다운 사랑은 어떤 것이며 사랑의 참다운 뜻이 무엇이냐고 묻는다면 우리는 더 명백하게 사랑의 본질을 이해할 수 있을 것 같다.

물론 사랑을 논리적으로 밝힐 수도, 구체적으로 나타내 보여줄

길도 없다. 하지만 적어도 사랑은 어떤 것이라는 판단은 내릴 수 있고 그 판단이 객관적 타당성을 얻을 수 있다면 우리는 그것을 참다운 사랑으로 받아들이는 데 주저하지 않을 것이다. 그렇다면 어떤 조건이어야 참다운 사랑이라는 개념이 성립할까?

첫째, 사랑은 이기적이어서는 안 된다는 조건이 있어야 성립한다. 인간은 본래 욕망과 본능을 지니고 있으며 그 욕망에는 소유욕도 포함된다. 그래서 욕심과 본능의 대상을 그대로 사랑의 대상으로 삼는 것을 흔히 볼 수 있다. 그렇다고 해서 그 욕망과 소유의 대상에 대한 감정이나 욕정을 그대로 사랑인 듯 착각해서는 안 된다.

사람들 중에는 권력욕을 애국심으로 착각하며 이성을 향한 욕망을 사랑으로 잘못 생각하는 이가 있다. 그런 것이 사랑이라면 그것은 동물의 욕망이나 사회파괴자의 권력욕과 다를 바가 없다. 특히 이러한 현상은 연애감정만을 앞세워 욕망의 노예가 된 젊은이들이나, 권력에 눈이 먼 독재자들 가운데서 찾아볼 수 있다.

둘째, 진정한 사랑은 내 소유나 나 자신보다 더 귀한 것을 위하려는 뜻에서 시작된다. 친구를 사랑하게 되는 것은 그 친구가 존경받을 만한 인격뿐만 아니라 내가 갖추지 못한 삶의 가치와 내용을 지니고 있기 때문이다. 내가 그를 위해주고 높여주고 싶은 마음이 사랑으로 승화되는 것이다.

내가 한 여성을 진정으로 사랑한다는 것은 무슨 의미일까? 그 여성의 성격과 인격과 인간됨을 고귀하게 여기며 그것을 아끼고 위해주려는 마음에서 사랑이 움트는 것이다. 사랑을 통하여 나에게는 없는 더 귀한 것을 받아들이며 그 사랑 때문에 서로가 보다 참되고 귀한 인격으로 성장할 수 있는 것이다.

예술이나 학문을 사랑하는 것도 마찬가지다. 때로는 미와 진리를 내 생명보다 더 귀하게 여겨서 모든 것을 희생시키면서까지 그 가치를 추구해간다. 그런 점에서 이웃이나 조국을 사랑하는 것도 한 가지이며 신을 숭배하고 사랑하는 뜻과도 일맥상통한다.

그러므로 무엇인가를 내 소유나 나 자신보다 더 소중하게 여겨보지 못했거나 더 귀한 가치를 깨닫지 못한 사람은 참다운 사랑을 할 수 없는 사람이다. 그것은 마치 초로 남아 있을 때는 아무 소용이 없지만, 초가 빛으로 변하기 위하여 스스로를 불사르는 것과 비슷한 원리다.

이렇게 되면 참다운 사랑은 자연히 또 하나의 본성을 갖추게 된다. 그것이 사랑의 셋째 조건이다. 즉 희생적 노력이 있어야 사랑인 것이다. 부모의 자녀에 대한 사랑은 자녀를 향한 희생적 노력으로 나타나며 또 그것을 통해 사랑의 결실을 얻는다. 사랑은 언어도 아니며 학문적 개념도 아니다. 사랑은 삶의 본질이며 실천과 체험의 내용이다. 그러므로 사랑하는 사람은 사랑하는 것을 위해 언제나 자신을 희생시키려는 노력을 계속하지 않을 수 없다.

물론 사랑이 희생을 위한 희생으로 그치는 것은 아니다. 애인을 위한 희생적 사랑은 훌륭한 가정을 만들어주며, 조국에 대한 충성

어린 사랑은 훌륭한 조국과 더불어 우리의 삶과 인격을 더 높고 귀한 것으로 가꾸어준다.

그러므로 사랑은 희생을 통해 완성해가려는 노력으로 나타나게 된다. 만일 자신보다 더 귀한 무엇을 알게 된다면 자연히 그것을 사랑하게 되며 사랑하는 대상을 위해 내 온갖 것을 바치게 된다. 그것이 삶의 정상적인 모습이다.

그렇게 보면 사랑은 어떤 특별한 것이 아니다. 사랑은 극히 정상적인 삶의 본질이라고 보아야 한다. 만일 우리가 참되고 값진 인생을 원한다면 말이다.

또 그렇게 사는 사람이 인생을 행복하게 이끌어가며 값지게 채워간다는 말은 조금도 잘못된 것이 아니다. 오히려 사랑을 모르거나 실천하지 않는 사람이 불행과 모순을 만들고 있을 뿐이다.

그러므로 사랑은 만인의 것이며 참된 사랑은 우리 모두가 선택하고 실천해야 할 인생의 도리다. 우리가 체험하고 있는 사랑의 모든 영역에서 그 뜻을 채워가야 할 것이다.

김태길

나에 대한 사랑

인류의 스승들이나 역사에 기록된 윤리학의 거장들은 한결같이 "네 이웃을 사랑하라" 또는 "타인을 사랑하라"고 힘주어 가르쳤다. 그러나 "너 자신을 사랑하라"고 가르친 사람은 드물다. 18세기 영국의 윤리학자 프라이스(R. Price)가 '나에 대한 사랑'을 여섯 가지 주요 덕목의 하나로 꼽은 것은 약간 특이한 경우라는 인상을 준다.

도산(島山) 선생의 많지 않은 유묵(遺墨) 가운데 '愛己 愛他'라는 것이 있음을 처음 알았을 때, 나는 선생의 비범한 통찰력에 속으로 감탄하였다. 윤리학을 따로 공부한 적이 없는 분이 '남에 대한 사랑 [愛他]' 앞에 '나에 대한 사랑[愛己]'을 갖다놓았다는 것은 놀라운 창의력으로밖에 설명할 길이 없다.

'나에 대한 사랑'은 바람직한 삶의 구축을 위한 바탕이다. 자신을 아끼고 사랑하는 마음을 포기한 사람에게는 어떠한 기회도 어떠한 도움도 무용지물이다. 다만 '나'를 완전히 포기한 사람은 사실상 별로 없으니 다행한 일이다.

거의 모든 사람은 '나'를 사랑한다. 그러나 '나에 대한 사랑'에도 옳은 길과 그른 길의 구별이 있다는 사실을 깊이 살피는 사람은 많지 않으며, 그 옳은 길을 실천하는 사람은 더욱 적다. 바로 여기에 문제가 있다.

대개의 부모들은 자녀를 끔찍하게 사랑하거니와, 자녀를 사랑하는 길에 옳은 길과 그른 길이 있다는 것은 널리 알려진 상식이다. 자녀의 개성에 따라 올바른 사랑의 길이 다르겠지만, 일반적으로 말해서, 자녀가 원하는 것이라면 무엇이든 다 들어주는 것은 옳은 길이 아니며 반대로 기를 펴지 못할 정도로 사랑의 매를 드는 것도 옳은 길이 아니라는 것은 상식이다. 그와 마찬가지로 나에 대한 사랑의 길에도 옳은 길과 그른 길이 있다는 사실을 모르는 사람들이 의외로 많으니 여기에 중대한 문제가 있다고 본다.

나에 대한 올바른 사랑의 길의 첫째 원칙은 "내 생애 전체를 원대한 안목으로 꾸준히 성실하게 가꾸어라"이다. 오늘의 나만을 들여다보지 말고 내 생애 전체를 염두에 두되, 나의 생애가 하나의 아름답고 멋있는 작품이 되도록 슬기롭게 노력하라는 뜻이다.

나에 대한 사랑의 길의 둘째 원칙은 "나 가운데서 가장 값진 것은 나의 지위나 재산 따위의 외면적 성취가 아니라, 나의 인격과 나의 건강 또는 나의 예술이나 학문 같은 내면적 성취임을 명심하라"는 말로 요약된다.

나에 대한 사랑의 길의 셋째 원칙은 "'나'라는 것은 일정불변한 크기를 가진 유형(有形)의 물질적 체계가 아니라 때에 따라서 나선형 모양으로 커졌다 줄어들었다 하는 의식의 체계임을 인식하고,

항상 소아(小我)보다 대아(大我)를 먼저 위하는 자세를 견지하라"는 것이다.

내가 보기에 위에서 말한 세 가지 원칙은 생각하면 생각할수록 의심의 여지없는 지혜의 언어다. 이것은 내가 만들어낸 것이 아니라, 동서고금의 큰 스승들의 가르침 속에 여기저기 스며들어 퍼져 있는 것을 정리한 것이다.

요즈음 우리나라의 현실은 여러 측면에서 매우 어지럽고 불안하다. 하나밖에 없는 우리 조국 대한민국을 지키고 키우기 위하여 대동단결해야 할 사람들이 여러 갈래로 나뉘어 치고받으며 싸우고 있다. 그렇게 싸우고 있는 사람들에게는 하나의 공통점이 있다. 모두가 각각 자기(自己)를 사랑하고 있다는 점이다.

여러 갈래로 분열되어 싸우고 있는 사람들이, 그리고 각각 자기를 위하여 나름대로 열심히 살고 있는 그 사람들이, 만약에 애기(愛己)의 길에도 옳은 길과 그른 길이 있음을 알고 그 옳은 길로 진로를 바꾼다면, 우리의 내일은 크게 달라질 것이다.

사랑의 위대함

뉴욕의 메트로폴리탄 미술관 2층에 가면 〈하나님의 손〉이라는 하얀 대리석 조각품이 있다. 프랑스의 조각가 로댕이 만든 유명한 작품이다. 바야흐로 하나님의 손에서 벌거벗은 두 젊은 남녀가 꼭 껴안은 채 탄생되어 나오는 창조의 광경을 조각한 것이다. 참으로 아름답고 신비로운 작품이다.

나는 그 걸작을 한동안 넋을 놓고 바라보았다. 하나님의 손은 창조의 손이요 사랑의 손이다.

인생에서 가장 소중한 것은 사랑이다. 사람은 밥만 먹고 사는 동물이 아니다. 사랑을 먹고 사는 동물이다. 우리의 육체가 성장하는 데는 빵이 필요하지만, 우리의 정신과 인격의 성장에는 사랑이 필요하다. 사람과 사랑의 관계는 화초와 햇빛의 관계와 같다. 햇빛을 받지 못하면 화초가 시들어 버리는 것처럼 사람도 사랑을 받지 못하면 제대로 성장하지 못한다.

한국전쟁이 끝난 다음 미군과 공산군의 포로 교환이 있었다. 본인의 의사에 따라 갈 곳을 선택하게 했다. 많은 공산군이 자유 대한의 품으로 넘어왔다. 미군들도 모두 자신의 고국인 미국으로 돌아갔다. 그러나 그 가운데 21명의 미국인은 고국을 버리고, 중립국 또는 공산국가를 선택했다.

왜 그들은 미국을 버렸을까? 21명의 가정환경을 조사해보니, 그 중 19명이 부모가 이혼을 했거나 가정환경이 불안정했다.

이 사실은 인생의 중대한 진리를 암시한다. 사람은 가정에서 부모의 사랑을 받지 못할 때 성격이 일그러지고 마음에 큰 병이 든다. 인생을 저주하고 사회의 반항아가 되기 쉽다. 사랑은 인간의 성격을 형성하는 데 결정적인 영향을 미친다.

하나에서 하나를 빼면 공이 된다. 인생에서 사랑을 빼면 허무에 가까워진다. 행복의 가장 중요한 요소는 사랑이다. 우리는 누군가를 사랑하거나 사랑을 받을 때 인생의 행복을 느낀다.

나는 사랑의 주체가 되어야 하는 동시에 객체가 되어야 한다. 내가 사랑하는 사람이 있어야 하는 동시에, 나를 사랑해주는 사람도 있어야 한다. 그렇지 못할 때 정신은 병들고 인격은 일그러진다. 사랑이 있는 곳이 천국이요 극락이다. 사랑이 없는 곳은 곧 인생의 지옥이다.

인간의 욕구 중 가장 중요한 것은 애정의 욕구다. 이것이 충족되지 않을 때 병들고 불행도 찾아온다. 지식은 힘이다. 그러나 사랑은 더 큰 힘이 된다.

사랑이란 무엇인가. 그 본질과 구조에 관해 가장 명쾌하면서도 깊이 있게 파헤친 사람은 심리학자 에리히 프롬이다. 그의 명저《사랑의 기술》은 사랑에 관한 깊은 통찰이다.

그는 사랑을 인간의 활동적인 힘으로 보았다. 그것은 나와 네가 하나로 합하려는 노력이다. 우리는 융합할 때 기쁘고 행복하며, 분리될 때 고독하고 쓸쓸하다. 사랑은 나와 네가 하나가 되려는 노력이다. 사랑은 다음의 다섯 가지 요소를 지닌다.

첫째로 사랑은 배려요, 관심이다. 우리는 사랑할 때 상대방에게 깊은 염려와 관심을 갖는다. 화초를 사랑하는 사람은 조석으로 물을 주고 벌레도 잡아준다. 어머니는 자식에 대해 깊은 염려와 관심을 갖는다. 사랑이 깊으면 깊을수록 배려와 관심도 깊어진다. 사랑이 있으면 결코 본체만체하지 않는다.

둘째로 사랑은 책임지는 것이다. 부모는 자식에 대해 책임을 지고, 선생은 학생에 대해 책임을 느낀다. 부르면 대답하는 것이 사랑이다. 부르는데 못들은 척하는 것은 사랑이 아니다. 책임은 영어로 'responsibility'라고 한다. 이것은 대답한다는 뜻의 'respond'에서 유래했다. 책임을 진다는 것은 상대방이 부를 때 응답하는 것이다. 도와달라고 부를 때 사랑하는 사람은 응답하고, 사랑하지 않는 사람은 응답하지 않는다. 책임은 응답하는 것이요, 응답하는 것은 사랑하는 것이다.

사랑의 정도와 책임의 정도는 서로 비례한다. 많이 사랑하는 사람은 책임감을 강하게 느끼고, 적게 사랑하는 사람은 책임감을 덜느낀다.

셋째로 사랑은 상대방을 존경하고 존중하는 것이다. 사랑은 내 마음대로 하는 것이 아니다. 자기중심의 이기주의가 아니다. 사랑할 때 우리는 그의 개성을 아끼고, 그의 권리와 자유 의사를 존중한다. 사랑은 나 중심이 아니라 상대방 중심이다. 상대방을 내 뜻에 복종시키려고 하는 것은 사랑이 아니다. 사랑은 자유의 아들이다. 지배의 아들이 아니다.

넷째로 사랑은 이해하는 것이다. 우리는 사랑하는 이의 불안과 고민을 이해해야 한다. 사랑은 이해를 심화시키고 이해는 사랑을 심화시킨다. 깊이 사랑하면 깊이 이해하고, 깊이 이해하면 깊이 사랑한다. 사랑 없이는 이해에 도달하기 힘들다. 사랑한다는 것은 곧 이해한다는 것이다. 사랑하면 상대방의 얼굴 표정, 눈빛 하나만 봐도 그의 마음 상태를 읽을 수 있다. 사랑과 이해는 정비례한다.

끝으로 사랑은 주는 것이다. 사랑하면 사랑할수록 주려고 한다. 내 시간을 주고, 돈을 주고, 정성을 주고, 애정을 주고 모든 것을 주려고 한다. 아낌없이 주는 것이 사랑이다. 주면서 아까워하지 않는 것이 사랑이다. 줌으로써 나도 기쁘고 상대방도 기쁘다. 줌으로써 나도 풍성해지고 상대방도 풍성해진다. 이것이 사랑의 논리요, 사랑의 신비다.

사랑하는 이에게 줄 때는 아깝거나 희생한다는 생각이 들지 않는다. 주는 것 자체가 큰 기쁨이다. 사랑하면 사랑할수록 가장 소중한 것을 아낌없이 준다.

사랑은 상대방을 염려하고 책임지고 존중하고 이해하고 아낌없이 주는 것이다. 사랑은 참으로 넓고 깊고 크고 아름답고 위대하다.

행복

김형석

좋은 인격이 최고의 행복

누구나 행복을 구한다. 그래서 행복이 목적인 것으로 착각하는 경우가 있다. 행복해지기 위해서 일을 한다는 생각은 할 수 있다. 그러나 행복이 먼 훗날에 있는 것은 아니다. 행복이 미래에만 있다면 인간은 행복해질 수 없다. 미래는 아직 오지 않았고 우리는 현재에 살고 있기 때문이다. 그렇다고 행복이 과거에 있는 것은 더욱 아니다. 과거는 이미 사라졌기 때문에 과거의 행복도 있을 곳이 없다.

그러면 행복은 어디에 있는가. 행복이 머무르는 곳은 언제나 현재다. 지금 여기에 있는 행복이 행복이다. 그런데 현재라는 시간은 하나의 과정이며 흐름이다. 미래에서 현재를 거쳐 과거로 가는 것이 시간이라고 해도 현재는 지나가는 과정이며, 시간이 과거로부터 현재를 거쳐 미래로 간다고 해도 현재는 지나가는 순간순간이다.

행복이 있다면 이러한 순간으로서의 현재에 있을 뿐이다. 인간에게는 본래 행복에의 기대와 욕망이 있다. 그 행복에의 기대와 욕망을 미래로 예측했을 때만이 행복을 우리 앞에 있는 것으로 생각할 수 있다. 그러나 미래를 위해 현재를 공허하게 만들 수는 없으며, 과거 때문에 현재를 잃는 어리석음을 범해서도 안 된다.

이렇게 행복이 현재에만 머물 수 있고, 현재는 지나가는 시간의 과정이라면, 행복은 과정으로서의 현재에 머물러야 한다는 결론이 나온다. 까다로운 이론을 떠나 우리의 현실에서 찾아보기로 하자.

50년쯤 전의 일이다.

서울대학교에 있는 친구 교수가 전화를 걸어 왔다. 재작년부터 신청해두었던 전화가 가설되었기 때문에 전화를 걸어보고 싶어 다이얼을 돌렸다는 것이다. 그러면서 바쁘지 않으면 몇 분 동안 얘기를 나누자고 했다.

친구의 말투가 그렇게 즐겁고 행복하게 들릴 수가 없었다. 자기가 전화를 끝낸 뒤에는 부인이 걸어볼 작정이며, 큰딸도 순서를 기다리고 있다는 얘기까지 해주었다.

내 친구만 그런 것이 아니다. 55년 전에 내가 처음 전화를 놓았을 때도 마찬가지였다. 가족이 너무 좋아서 어쩔 줄을 몰랐다. 내가 전화를 신청했을 당시에는 신청자가 많아 전화국에서 제비를 뽑았다. 20대 1이나 되는 경쟁에서 뽑혔기 때문에 며칠을 두고 그 얘기를 계속했다. 스릴이 있었던 것도 사실이다. 추첨 장소에서 새어나오는 마이크 소리를 여러 사람 속에서 들었기 때문이다. "이제 다 됐지?" "끝내는 거야?" "뭐 한 사람 더 남았어?" "똑똑히 봐." "그럼 마지막으로 한 사람만 더 뽑는 거야" 하더니 "○○번!" 하고 불렀다. 그렇게 뽑힌 것이 바로 우리 집 전화였다.

그런 우여곡절 끝에 전화를 놓았던 터라 온 가족의 즐거움은 대단한 것이었다. 전화를 어디에 놓는가도 화젯거리였고, 혹시 흠이라도 생길까 곱게 다루느라 마음 쓰면서 지냈다.

내 친구도 가족과 더불어 그런 작은 행복감에 젖었던 것이리라.

그러나 요사이 잘사는 가정에 태어난 어린이들은 그런 즐거움과 행복감을 모른 채 자란다. 태어날 때부터 집에 전화가 있었기 때문에 고마움도 모르고 행복감도 없다. 누가 전화를 가지고 행복해 한다면 고작 그런 걸 가지고 법석인가 하고 웃어 버리고 만다.

또 많은 가정들이 자가용을 가지고 있다. 처음에 차를 샀을 때는 들뜬 마음에 밤에도 밖에 나와 차를 닦으며 지극 정성이었다. 내가 아는 친구는 차를 산 날 밤에 한숨도 못 잤다고 했다. 그의 아내도 살다 보니 이렇게 좋은 세상이 왔다며 좋아했다고 했다.

그러나 내 친구의 아들딸들에게는 그런 행복이 없었을 것이다. 태어날 때부터 차가 있었으니 그것이 당연하다고 생각하면서 인생을 시작할 테니 말이다.

집도 그렇다. 처음에는 셋방에서 살다가 전셋집으로 옮겨가는 즐거움이 있고, 도시 변두리의 작은 집을 샀다가 아파트로 옮겨가는 기쁨이 있다. 그런 성장의 과정 속에서 행복을 누리는 것이다.

부자 부모를 둔 덕분에 처음부터 큰 집을 얻어서 분가하는 젊은이들은 부모가 겪은 아기자기한 행복과 만족감을 맛보지 못한다. 그래서 서양 가정에서는 자녀가 성인이 되면 자력으로 살아가는 방법을 터득하도록 하는지도 모른다. 그래야 삶의 보람을 느끼고 행복을 누릴 수 있을 것이기 때문이다.

만일 이와 반대로 한꺼번에 삶의 목표에 도달해 버리고 만다면 마지막 행복밖에 누리지 못한다. 등산의 즐거움은 산 아래에서부터 높은 정상까지 올라가는 도중에 누리는 것이다. 아무런 수고도 없이 꼭대기까지 헬리콥터를 타고 올라가고 만다면 등산의 희열은 맛볼 수 없다.

인생의 층층대를 걸어 올라가는 사람은 그 계단 하나하나에 인생의 뜻을 둔다. 그때그때의 의미와 감사를 모른다면 결국 마지막 계단에 오른 즐거움밖에 남는 것이 없지 않겠는가.

한편 여기서 더 중요한 문제가 있다. 등산을 끝낸 사람은 정상에서 내려오지 않으면 안 된다는 것이다. 정상에 오른 등산객은 더 올라갈 곳이 없으니 내려오는 일이 괴롭거나 불행을 동반하지는 않는다. 그러나 인생의 과정은 그렇지 않다. 올라갈 때는 즐거움과 행복을 느낄 수 있지만, 내려올 때는 언제나 슬픔과 불행을 동반한다.

쓴 것이 끝나면 단 것이 온다는 의미의 고진감래(苦盡甘來)라는 말이 있다. 그것을 거꾸로 놓으면 단 것이 다한 뒤에는 쓴 것이 온다는 뜻이다. 더 올라갈 인생의 과정이 없는 사람은 불행을 겪어야 한다. 인생의 비극이 여기에 있다.

그래서 아버지로부터 부를 물려받지 못한 농사꾼의 아들은 올라갈 일만 남아 있어도, 부모의 은혜 덕분에 일찌감치 높이 올라가 있는 장관의 아들은 내려오는 과정만 남아 있을 뿐이라는 이치가 성립된다.

부유한 사회의 청소년들보다 가난한 국가의 젊은이들이 더 행복해질 수 있는 이유가 여기에 있다. 인간은 올라가는 과정에서 즐거움과 행복을 누릴 수 있으나 퇴락하는 과정에서는 불행과 고통을 겪게 되어 있다.

그러므로 우리는 행복을 인생의 목적으로 삼고 행복만을 향해 나아가서는 안 된다. 오히려 인생을 사는 동안 계속 성장하기 위해 노력하는 과정 속에서 행복을 찾아 누려야 한다.

그래서 마음이 가난한 사람이 행복하며 옳은 일을 위해 애쓰는 사람이 행복하다고 예수는 가르쳤다. 마음이 가난한 사람은 언제나 같은 여건에서도 감사와 자족을 누릴 수 있으며, 의를 위해 수고하는 사람은 그 수고가 성장과 발전의 과정이기 때문에 남이 모르는 행복을 누리게 된다.

그러면 부를 차지한 사람은 앞으로 부자가 될 수 있는 가난한 사람보다 불행하며, 높은 지위에 있는 사람은 높아질 가능성이 있는 낮은 지위의 사람보다 불행한가. 그럴 수 있다. 10억의 재산을 가진 사람이 7억으로 재산이 줄어들 때는 불행을 느낀다. 그러나 2억을 가진 사람이 5억의 재산을 차지할 때는 행복을 누린다. 예편을 앞둔 대장은 행복을 잃을 수 있다. 그러나 준장으로 올라가는 대령은 큰 희망과 행복을 더 많이 누리는 법이다.

이처럼 뜨는 태양은 행복을 상징하지만, 지는 태양은 비참을 뜻하는 결과가 된다면, 누구나 같은 운명에 머물러야 하는 것이 아닐까? 그것은 자연의 법칙이니 말이다. 그러나 인간은 반드시 그와 같은 자연의 질서에 따르지는 않는다. 인간은 얼마든지 성장할 수 있으며, 우리 각자의 삶이 다양하다는 사실을 알면 판단은 달라진다.

어느 정도 경제적 여유를 즐긴 사람이 사회봉사나 문화예술 분야에서 새로운 인생의 의미를 찾는다면 거기에는 또 다른 행복이 존재한다.

정치나 경제적으로 기여할 수 있는 사람이라면 개인의 재산보다 사회적 업적을 통해 더 큰 행복을 얻는다. 문화나 정신적 영역에서 사회에 기여하는 사람은 재산이나 소유물에서 얻는 것 이상의 행복과 가치를 누릴 수 있다. 가난 속에서 무상의 행복을 누린 종교 지도자들은 얼마든지 있었다.

이렇게 본다면 무엇을 소유하는가보다는 어떻게 가치 있는 삶을 누리는가가 행복의 조건이 된다. 그리고 무엇을 얻는가도 중요하지만 이웃과 사회에 무엇을 주는가가 더 높은 가치의 행복을 약속해 주기도 한다.

그러나 결론은 마찬가지다. 행복은 참되고 값진 하루하루의 삶으로 주어지는 것이지, 욕망이나 환상으로 채워지는 것은 아니라는 생각이다. 욕심은 행복을 놓치게 만들어도 값진 봉사는 불행을 느끼게 하지 않는다.

그러므로 우리는 오늘 자신이 처해 있는 현실에서 더 귀하고 가치 있는 사람, 꾸준히 성장해가는 사람이 되도록 노력해야겠다. 그러한 삶의 과정에는 언제나 깊은 행복이 솟아오른다.

좋은 인격은 최고의 행복이라는 말이 있다. 인격은 계속해서 성장하며, 다른 인격체인 이웃을 위해 사귐과 섬김을 베풀도록 되어 있다. 만일 그러한 인격을 가진 사람의 삶이라면, 그는 그 인격적 삶에서 오는 행복을 계속 누릴 수 있을 것이다. 인격은 행복을 담는 그릇이 아니라 행복을 창조하는 주체이기 때문이다.

김태길

서리 맞은 화단

마루 끝에 걸터앉아 볕을 쪼인다. 뜰의 손바닥만 한 화단이 된서리나 겪은 듯이 초라하다. 칸나 두 포기만이 아직도 싱싱한 잎을 지니고 있을 뿐, 나머지는 거의 전멸 상태에 있다. 떡잎 진 옥잠화, 흔적만 남은 채송화, 패잔병처럼 축 늘어진 나팔꽃 덤불, 보기에도 딱할 정도로 쓸쓸한 풍경이다.

만 3년 만에 돌아온 서울 집에 새봄이 왔을 때는 희망에 가까운 기쁨이 있었다. 그전 꽃밭 자리에 다시 조촐한 화단을 꾸미자는 의견에 온 집안사람이 유치원생처럼 환성을 올렸던 것이다.

어떠한 화단을 만들 것인가. 처음에는 굉장한 이상론(理想論)이 압도했다. 울타리는 벽돌로 쌓아올리는 것이 좋겠다, 씨를 뿌리는 것보다 진달래, 라일락 같은 꽃나무를 심는 것이 좋겠다, 처마 끝으로는 등나무를 올리는 것이 좋겠다, 백합, 글라디올러스 같은 구근(球根)도 약간 있으면 좋겠다. 그리고 또 무엇도 있고 무엇도 있고…. 그것을 죄다 심자면 3층, 4층으로 심어도 밭이 모자랄 정도로 하고 싶은 것이 많았다.

그러나 막상 실천 단계에 들어서니 이런 일에 목돈을 들일 형편은 못 되었다. 울타리는 벽돌 대신 집구석에 굴러다니던 송판 쪽으로 만족하지 않으면 안 되었다. 나무를 심는 것은 내년 봄으로 미루었다. 상점에 알아보니 구근도 무척 비쌌다. 손바닥만 하다 해도, 모두 고급 구근으로 채우자면 월급 한 달 치쯤은 무난히 들겠다 싶었다. 몇 가지로 여남은 뿌리만 사고, 나머지는 출아보증(出芽保證)이라고 설명이 붙은 종자로 대용할 수밖에 길이 없었다.

제법 다리를 걷어붙이고 작업에 착수했으나, 그것도 생각보다 힘이 들었다. 첫째로 연장이 없다. 일꾼도 부족했다. 처음에는 너도나도 한다더니 실제 일이 시작되자, 이 사정 저 사정이 있어서 결국 나 혼자 하다시피하게 되었다.

서투른 솜씨라 발아 성적은 매우 나빴다. 작년에 집수리할 때 일꾼들이 양회 섞인 구벽토(舊壁土)를 퍼부어서 토질이 나빠진 탓인지 싹을 틔운 것조차 발육이 좋지 못했다. 진딧물이 꼈다. 게다가 올해 신문에까지 떠들썩하게 보도된 크고 작은 쥐들이 자라는 싹을 몽땅 잘라먹었다. 씨앗 봉지의 그림과 설명은 그럴듯하더니 실물은 보잘것없는 것들이 많았다.

이리하여 꽃 농사는 완전히 실패하고 말았다. 집안에 윤기가 돌게 하려던 화려한 꿈이 수포로 돌아간 것이다.

그래도 한여름에는 하나둘씩 꽃송이가 피었다. 그것들이 약간이나마 화제가 되었다. 이제 그나마 모두 시들어 버리고 칸나만이 홀로 쓸쓸히 밭을 지킨다.

가을바람에 초라하게 떠는 화단을 바라보고 실패한 꽃 농사의 기록을 회상하노라니 문득 생각나는 것이 실패한 나의 반생이다.

나이 스물 전의 꿈은 나도 남에게 밑지지 않았다. 화단 계획보다도 더 화려한 계획이 새벽마다 잠자리를 수놓았다. 나는 높은 지위를 가질 사람이었다. 지혜와 덕은 일세의 모범이 될 사람이었으며, 가재(家財)로 말하면 거부는 못 되어도, 피아노나 자가용 정도는 문제가 안 될 것이었다. 나의 행복은 이상적인 가정을 중심으로 실현될 것이었다. 나의 아내는 교양 있고 아름다우며, 나의 자녀들은 영리하고 건강하다. 그리고 또 그리고….

이러한 행복이 운명에 의하여 저절로 굴러오리라고 믿은 것이 아니라, 나의 지혜와 의지와 덕의 힘으로 이것을 쟁취할 수 있다고 믿었던 것이다.

그리고 근 20년이 흘렀다. 나는 현재(1955년) 초라한 학교 선생이다. 그나마 우리나라 학계의 수준이 형편없고 우리 사회에 인재가 귀한 덕택으로 겨우 얻어걸린 직장이다. 나의 가정은 지극히 평범하다. 살림의 군색함은 밥짓기에 골몰한 아내의 이마 위에 심각하고, 10환만 달라고 보채는 어린것은 오늘도 코밑이 지지다. 거미줄 낀 대청에는 응접세트 대신 기저귀가 여기저기 널려 있다. 일세의 목탁(木鐸, 세상을 깨우쳐 주는 역할을 하는 것을 비유하는 말)이 될 것이라던 나의 인격은 비굴한 졸장부로서 판에 박혔다.

그러나 나의 연령은 아직 늦가을에 달하지는 않았다. 인간 일생

34

을 칠십으로 잡는다면 겨우 반밖에 안 산 셈이다. 실패한 꽃 농사에
도 한 송이 두 송이 볼 만한 꽃이 피던 한여름에 비교할 시절이리
라. 앞으로 다시 20년! 그때는 이 초라한 교편생활을 그리운 황금시
대로 회고해야 할 것이 아닌가. 갑자기 거울이라도 들여다보고 싶
은 충동이 인다.

　칸나 잎을 흔들던 쌀쌀한 바람이 선뜻 뺨을 스친다. 나는 악몽에
서 깨어난 듯이 벌떡 일어나 서재로 들어간다.

열의를 가지고 미쳐라

행복하게 사는 비결은 무엇일까? 그것은 미치는 것이다. 큰일을 하는 비결은 무엇일까? 그것 역시 미치는 것이다.

인생에서 권태를 느끼지 않고 살아가는 비결은 무엇일까? 미치는 것이다. 우리는 미쳐야 한다. 미치지 못하는 것이 인생의 불행이요, 비극이다.

미친다는 것은 열정을 가지고 살아가는 것이다. 어떤 대상에 자신의 생명을 바치는 것이다. 미친다는 것은 자연에 몰입하는 것이요, 목숨을 연소시키는 것이요, 심혈을 기울이는 것이요, 목표에 도취하는 것이요, 나와 대상이 하나가 되는 것이다. 주객일체(主客一體) 물아일여(物我一如)의 경지에 도달하는 것이다.

반 고흐는 그림에 미쳐 위대한 작품을 만들어냈다. 베토벤은 음악에 미쳐 인간의 심금을 울리는 걸작을 창조할 수 있었다. 에디슨은 발명에 미쳐 인류를 위해 수많은 이기(利器)들을 발명해낼 수 있었다.

사업에 미친 사람이 큰일을 할 수 있다. 학문에 미친 사람이 대가가 된다. 종교에 미친 사람이 신령한 경지에 도달한다.

미치지 않고는 결코 큰일을 할 수 없고, 큰 인물도 될 수 없다. 그러나 미치되 옳은 일, 높은 목표에 미쳐야 한다.

여자에 미치는 자, 도박에 미치는 자, 술에 미치는 자, 노는 일에 미치는 자도 있다. 그들은 인생의 방향과 목표를 잘못 잡은 사람들이다.

대학 시절 프랑스 소설가 오노레 드 발자크의 《절대(絶對)의 탐구》라는 소설을 읽고 큰 감명을 받은 적이 있다. 어떤 과학자가 절대를 탐구하다 재산을 탕진하고, 불행과 비극의 나락으로 빠져드는 모습을 처절하게 그린 작품이다.

그는 주변 사람이 보기에 불행한 사람이었다. 그러나 주관적으로 그는 행복한 사람이다. 그에게는 꿈이 있었고, 항상 꺼지지 않는 불길이 마음속에서 타오르고 있었다. 정열의 불이 타고 있는 동안 그의 인생은 밝고 행복했다. 그의 생활에는 희망이 있었고, 긴장이 있었고, 보람이 있었다.

인생에서 가장 불행한 것은 아무것에도 애정을 느끼지 못하는 것이다. 사랑하는 사람도 없고, 일도 없고, 조국도 없고, 가정도 없을 때 인간은 생의 의미를 잃어버린다.

허무주의란 무엇이고 왜 생기는가. 사랑의 대상이 없는 것이 허무주의요, 사랑의 대상을 갖지 못할 때 허무주의가 발생한다.

미친다는 것은 강한 사랑의 대상을 갖는 것이요, 그 대상에 나의 의지와 감정과 정열을 집중하는 것이다.

목마른 사람이 물을 갈구하듯 우리는 인생에 갈증을 느끼며 살아야 한다. 목마른 사람에게는 한 모금의 물이 더할 수 없이 맛있다. 청량수처럼 시원하고, 감로수처럼 달고, 생명수처럼 고맙다. 그러나 갈증을 전혀 느끼지 않는 사람은 아무리 맑은 감로수도 별다른 맛이 없다.

우리는 갈증을 느끼는 사람처럼 살아야 한다. 인생의 열애자(熱愛者)가 되어야 한다. 식욕이 왕성한 사람은 식사를 할 때마다 즐겁다. 고량진미(膏粱珍味)에 진수성찬은 못 되더라도 맛있게 식사를 한다. 밥맛의 정도는 먹는 자의 식욕에 따라 다르다. 식욕을 잃은 사람은 맛있는 식사를 할 수 없다. 아무리 진수성찬이라도 입맛이 없으면 식사 시간이 귀찮게만 여겨진다.

우리는 식욕이 왕성한 사람처럼 살아가야 한다. 미친다는 것은 인생에 대해, 사업에 대해, 대상에 대해 심한 갈증과 왕성한 식욕을 느끼는 것이다. 미치는 것이 좋은 것이요, 미치지 못하는 것이 슬픈 일이다.

체념이나 단념, 의욕 상실, 권태와 같은 것은 모두 미치지 못하는 데서 생기는 병이다. 이러한 병에 걸릴 때 인생은 빛을 잃고, 활기를 상실하며, 박력은 사라진다. 무슨 일이든 따분하고 흥미가 생기지 않는다. 산송장처럼 살며 늙은이처럼 행동한다. 그의 생활은 생기가 없고 정열이 없다.

우리는 모든 일에 열의를 가져야 한다. 열의란 뜨거운 의욕이다.

열의가 있는 사람만이 성의를 가질 수 있고, 새로운 창의력을 발휘할 수 있다. 열의와 성의와 창의, 이것이 위대한 것을 창조하는 원동력이다.

미켈란젤로는 90세의 고령에도 창조 작업을 쉬지 않았다. 러셀은 98세에 세상을 떠났지만, 죽기 전날까지도 세계 평화에 관한 글을 썼다.

우리는 미칠 줄을 모른다. 미쳤다가도 금방 식어 버린다. 무엇이든 좀 해보다 안 되면 금방 단념하고 인생의 체념자, 사회의 방관자가 되고 만다. 작심삼일, 용두사미(龍頭蛇尾), 유시무종(有始無終)과 같은 말처럼 흐지부지 넘겨 버리는 적당주의는 우리 민족이 가진 큰 병폐다. 금방 흥분했다가 금방 식어 버리는 것이 우리의 병이다.

우리는 미칠 줄 알아야 한다. 미치되 올바로 미치고, 오래 미쳐야 한다. 미친다는 말은 도달한다는 뜻이요, 통한다는 뜻이다. 올바로 미치는 자만이 올바른 목적에 도달할 수 있다. 미치지 못하면 원하는 목표에 도달할 수 없다. 미치려면[及] 미쳐야[狂] 한다. 미쳐야[狂] 미칠[及] 수 있다. 진리에 도달하려면 진리에 미쳐야 한다. 성공에 도달하려면 사업에 미쳐야 한다. 연구에 미치는 자가 위대한 학자가 될 수 있다.

한문에 도통(道通), 신통(神通), 영통(靈通)이라는 말이 있다. 도에 통하는 것이 도통이요, 신의 경지에 이르는 것이 신통이다. 도통하려면 도에 미쳐야 하고, 신통하려면 신에 미쳐야 하며, 영통하려면 영에 미쳐야 한다. 미치지 않는 한 결코 높은 경지에 도달할 수 없다. 사물의 핵심과 본질, 진수에 도달하려면 그 사물에 미쳐야 한다. 미친다는 말이 열광과 도달의 의미를 지닌다는 것은 결코 우연이 아니다. 교육은 우리에게 올바로 미치는 법을 가르쳐야 한다. 철학은 우리에게 체념이 아닌 열광하는 정열을 가르쳐야 한다.

시에, 그림에, 진리에, 사업에, 조국에, 음악에, 종교에, 이상(理想)에 죽는 날까지 미쳐 살아야 한다. 그것이 행복의 비결이요, 인생의 위대한 경지에 도달하는 길이다.

별에 미쳐 도랑에 빠졌던 탈레스, 도에 미쳐 발분망식(發奮忘食)하던 공자, 진리에 미쳐 화형을 당한 수도사 브루노, 예수에 미쳤던 사도 바울, 그림에 미쳤던 고흐, 민족에 미쳤던 도산, 조국 이탈리아의 통일에 미쳐 결혼도 잊은 정치가 카부르…. 이들에 의해 역사가 진보했고, 자유가 실현되었으며, 진리와 정의가 이루어졌다. 열정 없이 인생의 대업(大業)은 이루어지지 않는다. 미치지 않고는 큰일을 할 수 없다.

위인은 이상에 미쳐 위대한 사업을 한 사람이다. 높은 목표에 오래 미치는 사람이 역사의 대업을 이룬다.

어떻게 살아야 하는가? 꺼지지 않는 불길처럼, 마르지 않는 샘물처럼, 시들지 않는 상록수처럼, 재생하는 불사조처럼, 인생에서 올바른 이념과 원대한 목표에 한결같이 미쳐 살아야 한다. 거기에 인생의 보람이 있고, 구원이 있고, 행복이 있다.

감사

김형석

___

감사할 줄 아는 마음

　내가 잘 아는 한 교수의 이야기가 생각난다.

　그가 처음 일본에 갔을 때 택시를 탔는데, 운전기사가 대단히 늙어 보여서 몇 살이냐고 물었더니 기사는 72세라고 대답했다. 그는 운전기사에게 그 나이에도 운전이 잘 되느냐고 다시 물었다. 그 기사는 올해도 신체검사에 합격했고 오랜 경험으로 시야가 넓기 때문에 충분히 운전할 수 있다고 말했다. 그러면서 75세까지 큰 사고 없이 운전하다가 은퇴하면 고향에 돌아가 쉬는 것이 자신의 평생 소원이라는 뜻을 밝혔다. 택시가 호텔 앞에 도착하자, 기사가 먼저 내려 트렁크를 열고 짐을 부려주면서, "즐거운 여행 하세요"라고 인사하고는 가랑비가 내리는 아스팔트 위를 달려갔다.

이 친구는 그 노인에게서 정성과 감사를 느꼈다고 했다. 작은 일을 하는데도 정성껏 최선을 다하며 자기 직업에 대해 감사의 마음을 지니고 있었다는 얘기였다. 시골에서 초등학교를 졸업하고 도쿄까지 와 70세가 넘을 때까지 운전할 수 있었다는 것에 진심으로 감사하는 표정이었다는 것이다.

만일 우리가 한국전쟁 직후에 살고 있었다면 대부분이 무직자였을 것이다. 일할 수 있는 직장이 없었기 때문이다. 젊은이들의 상당수는 구두닦이를 했을 것이며, 나이든 사람들은 지게꾼이 되어서 짐을 날랐을 것이다. 지금도 인도나 파키스탄에 가면 비슷한 상황을 본다. 그들은 자신들도 직장이나 한번 다녀봤으면 좋겠다고 하소연한다.

그렇다면 지금 우리가 직장에서 일하고 있다는 사실에 대해 어느 정도는 감사하는 마음을 가져도 좋지 않을까. 그것이 누구의 공로나 정부의 혜택 덕분이니 감사하자는 것이 아니다. 사람이 세상에 태어나서 남들처럼 일할 수 있고 직장을 갖게 되었다는 사실에 감사한다는 것은 당연한 일인 것 같다.

나는 1947년 여름에 38선을 넘어 남하하였다. 셋방을 구할 수 없어서 아는 사람의 집 문간에 머물게 되었다. 방을 따뜻하게 할 연탄은 고사하고 이부자리도 없어서 산에서 솔방울과 솔잎을 주워다가 불을 지펴가며 추위를 견뎠다. 잠자리에 들 때는 옷을 벗기는커녕 있는 대로 다 입어야 체온을 유지할 수 있는 형편이었다.

그때 어떤 중고등학교의 교사로 취임하게 되었다. 취직이 결정되었다는 소식을 들은 아내는 금년 겨울에는 시골로 쌀을 사러 가지 않아도 되겠다고 반기면서 눈물을 글썽거렸다. 생계를 위해 시골에서 쌀을 사다가 팔기도 했기 때문이다.

그런데 안타까운 것은 노사분규가 심화되기 시작하면서 대부분의 직장인들이 직장에 대해 불평과 불만의 소리를 높이는 반면, 고마움과 감사의 마음은 약화된 것이다. 매우 불행한 일이다.

나도 평생을 교직에 몸담고 있으면서 내 주변 사람들을 돌아보니 감사하는 마음으로 일하는 친구들은 대부분 직장에 대한 만족감과 일에 대한 성취도도 앞서 있었지만, 불만과 불평을 일삼는 동료들은 대부분 스스로 불행을 자초해서 일의 성과도 뒤져 있었다. 세월이 지나면 감사할 줄 아는 직장인이 직장에서 중책을 맡고 마침내 성공도 하는 것이 보통이었다.

만일 우리 가운데 떳떳한 기술도 없고 열심히 일해본 경력도 없으면서 처음부터 불평과 불만과 투쟁을 일삼는 직장인들이 있다면 그런 사람들은 평생 동안 불행한 위치에 머물게 되고 직장과 사회도 그들을 받아들일 수 없을 것이다. 한때는 불평과 불만을 터뜨리기 위해 직장을 찾는 사람도 없지는 않았다.

물론 직장생활을 하다 보면 어려움도 있고 모순도 없지 않을 것
이다. 그러나 일을 사랑하는 사람이 그 어려움을 이겨낼 수 있고, 일
에 감사할 줄 아는 사람이 여러 모순을 지혜로이 해결할 수 있는 자
격을 갖게 된다.

가을은 결실의 계절이라고 말한다. 올해 우리의 가을은 모든 면
에서 감사를 깨닫는 계절이 되기를 바란다. 그것이 우리에게 축복
의 계절을 가져다주기 때문이다.

김태길

뒷이야기

대학에서 교편을 잡은 지 어언 30년(1978년). '결혼식 주례'라는 어색한 소임을 맡은 적도 제법 여러 번이다. 내 앞에서 "예!" 하고 혼인 서약에 천연스럽게 대답했던 그 젊은이들이 지금은 어디서 어떻게 살고 있는지 가끔 궁금할 때가 있다.

많은 경우, 신혼여행을 마치고 돌아온 젊은 부부의 방문을 한 번쯤 받는다. 그리고 대개 그것으로 주례와의 인연은 종지부를 찍는다. 사실 주례가 하는 수고라고 해야 별것이 아니니, 예의로서는 그것만으로도 충분하다.

그러나 간혹 예외적인 젊은이도 있다. 결혼한 지 10년이 지났는데도 아직 잊지 않고 가끔 찾아오거나 소식을 전한다. 내색이야 하든 안 하든, 반갑고 고마운 마음 이를 데 없다.

그와는 정반대의 경우도 있다. 집에도 간혹 찾아와 가까이 지내던 젊은이가 있었다. 결혼을 하게 되었다고 주례를 부탁하기에 기꺼이 수락하였다. 결혼식은 시골에서 올리기로 되어 있어서 나는 혼자서 그곳까지 여행을 하였다. 차표도 살 겸 안내자를 보낸다는 것을, 그럴 필요 없다고 격식을 무시했던 것이다. 식을 마치고 당일로 돌아오면서 적지 않은 피로를 느꼈다.

　나는 그 신랑이 한 번쯤은 찾아올 것이라고 기대하였다. 그러나 그해 연말에 카드가 한 장 날아왔을 뿐, 5년이 지난 오늘까지 그림자도 보이지 않았다.

　사도(師道)가 땅에 떨어진 시대라고는 하지만, 그래도 사제의 관계는 주례와 신혼부부의 그것과는 비교가 되지 않는다. 많은 졸업생들 가운데는 근 20년을 두고 매년 한두 번 찾아오는 사람이 있다. 특별히 나에게 신세진 일도 없으며, 앞으로 신세질 일도 별로 없을 사람이다.

　그러나 여기도 정반대의 경우가 있다. 많은 졸업생 가운데 편애한다는 오해를 받을 정도로 정성을 쏟은 청년이 두 사람 있었다. 혹은 장학금 문제로, 혹은 취직 문제로, 그들에게 도움을 주기 위해 꽤 극성을 떨기도 하였다. 아마 친자식을 위해서라면 그렇게까지는 하지 않았을 것이다. 그런데 그 두 사람이 현재는 모두 소식을 끊고 있는 형편이다. 특별히 그럴만한 이유가 있는 것은 아니다. 다만 몇 해 세월이 흘렀을 뿐이다.

　언제부터인지 모르겠으나 나는 한 가지 자부심을 가지고 살아왔다. 다른 재주는 별로 없지만 사람을 보는 눈에 있어서는 남다른 능력을 지녔다는 자부심이다. 그리고 이 색다른 자신감에는 나름의 근거도 다소 있었다. 그러나 요즈음 나는 이 마지막 자부심마저 흔들리고 있음을 느낀다. 사람이란 미묘한 존재여서 도무지 그 속을 알 수가 없다. 입이 마르도록 칭찬을 하고 나면 몹쓸 짓을 하고, 후련하도록 욕설을 퍼붓고 나면 갸륵한 슬기를 보인다.

밖으로 향하던 시비의 화살은 조만간 나 자신에게로 돌아온다. 돌이켜보건대 나 자신도 결코 큰소리칠 처지는 못 된다. 여러 사람에게 호의와 신세를 졌지만, 세월이 흐르면 까맣게 잊어버렸다.

나는 지난 연말에 그 전엔 별로 안하던 짓을 했다. 20년 전 미국에서 배운 스승에게 작은 선물을 보내고, 국내의 은사 한 분을 댁으로 찾아뵈었다. 앞으로도 매년 그렇게 하는 것이 좋겠다고 생각한다. 그러나 꼭 그렇게 하리라고 미리 다짐하지는 않는다.

크든 작든 내일 일을 장담하기란 생각보다 어렵다. 내 주변 환경이 어떻게 돌아갈지 모르고, 나 자신의 생각이 어떻게 달라질지 확신할 수 없기 때문이다.

감사

안병욱

감격과 감사

내가 가장 좋아하는 낱말이 둘 있다. 하나는 감격이요, 또 하나는 감사다. 인생을 최고로 사는 지혜가 무엇인가? 바로 감격과 감사다. 인생을 행복하게 사는 비결 역시 감격과 감사다.

감격과 감사로 충만한 생(生), 그것이 행복한 생이요, 깊이 있는 생이요, 충실한 생이요, 보람 있는 생이다.

"나의 마음이 감격과 감사로 넘치나이다." 이것처럼 행복한 말이 없다.

나는 인생에서 감격성의 가치를 가장 높이 평가한다. 감격이 없는 인생은 따분한 인생이요, 권태로운 인생이요, 맥이 빠진 인생이다. 감격이 넘치는 인생은 환희의 인생이요, 신나는 인생이요, 행복한 인생이다.

감격은 생명의 진동(振動)이요, 정신의 절정이요, 삶의 최고 순간이다. 우리는 감격할 때 눈시울이 뜨거워지고 가슴이 메고, 마음에 전류가 흐르고 영혼에 영감이 일어난다.

좋은 책을 읽을 때, 훌륭한 말씀을 들을 때, 위대한 예술에 접했을 때, 아름다운 자연을 대했을 때, 사모하는 사람을 만났을 때, 간

절히 원하던 소원이 이루어졌을 때 우리는 감격한다.

우리는 깊은 감격에 휩싸일 때 새로운 자각이 생기고, 중대한 결단을 내리고, 엄숙한 맹세를 하고, 우리의 삶이 거듭난다.

감격은 감(感)과 격(激)을 합한 말이다. 감은 느낌이요, 격은 강하고 뜨거운 것이다. 감격은 뜨거운 느낌이요, 강한 감동이다.

신은 인간에게 감격하는 능력을 주었다. 인간은 감격할 줄 아는 동물이다. 감격할 줄 모른다는 것처럼 슬픈 일이 없다. 감격성을 상실하는 것은 인간의 가장 소중한 것을 상실하는 것이다. 감격성을 잃었다는 것은 인간의 정신이 죽은 것이나 마찬가지다.

아무나 감격하는 것은 아니다. 맑고 순수한 마음을 가진 인간만이 감격한다. 병들고 타락한 영혼은 감격할 줄 모른다.

젊은 생명일수록 감격성이 강하고, 늙은 생명일수록 감격성이 약해진다.

견물생심(見物生心)이라고 하였다. 사물을 보면 마음이 발동해야 한다. 아무리 좋은 책을 읽고 훌륭한 말씀을 들어도 기뻐하고 감격할 줄을 모른다면 그것처럼 불행한 일이 없다. 감격적인 말을 하고 감격적인 글을 쓰고 싶다. 이것이 새해의 나의 간절한 염원이다.

내 말이 듣는 이의 가슴에 감격의 바람을 일으키고, 내 글이 읽는 이의 마음속에 감격의 물결을 일으키고 싶다.

나는 금년(1997년)에 77세가 된다. 나이가 든다는 것은 그렇게 서럽지 않지만 감격성을 상실해가는 것이 가장 슬프다. 감격성의 고

갈은 생명의 고갈이요, 감격성의 왕성은 생명의 왕성이다.

'나의 혼이여, 감격성을 잃지 말라. 나의 생명이여, 감격성을 지니어라.' 이러한 기원을 하면서 나는 새해를 맞았다. 감격, 얼마나 위대한 말인가.

감격할 수 있는 마음에 감사가 깃든다. 그러므로 감격과 감사는 쌍둥이다. 고마워하는 마음처럼 소중한 마음이 없다. 감사는 행복의 어머니다. 행복하게 살려면 감사하는 마음을 가져야 한다. 감사하는 마음이 없는 사람은 결코 행복할 수 없다. 감사의 나무에 기쁨의 꽃이 피고 행복의 열매가 열린다. 그래서 사도 바울은 "범사에 감사하라"고 외쳤다.

우리는 감사하기 공부를 해야 한다. 이것은 대단히 중요한 인생 공부 중 하나다. 지식과 학문을 배우는 것만이 공부가 아니다. 올바른 마음가짐을 배우는 공부는 지식과 학문을 배우는 공부보다 더 중요하다.

감사심(感謝心)을 키워라. 감사하는 생각과 감정을 훈련해라. 현대인에게는 감사의 감정이 점점 희박해져간다. 개인주의와 권리의식과 생존경쟁이 날로 심해지는 사회에서 살기 때문에 이러한 폐풍이 생겼다.

많은 사람이 감사 불감증과 감사 결핍증에 걸렸다. 감사하는 것을 배워라. 이것이 인생을 행복하게 사는 비결의 하나다.

세상에 감사할 것이 하나도 없다고 생각하는 사람이 있다면 그는 참으로 불행한 사람이요, 구제불능의 인간이다.

네 인생에서 감사할 재료를 될수록 많이 찾아라.

우리는 먼저 나에게 소중한 생명을 주신 하나님과 천지자연(天地自然)에 감사해야 한다. 태양은 나에게 밝은 빛과 따뜻한 열을 주고, 땅은 아름다운 화초와 풍성한 오곡백과를 준다. 이것을 누리고 먹으며 나는 자랐다.

둘째로 나를 낳아 키우고 가르쳐주신 부모님의 한량없는 은혜에 감사해야 한다. 생명 하나를 낳아서 키우기가 얼마나 어려운 일인지 모른다. 부모의 은혜와 사랑은 진실로 한량이 없다.

청소년 시절에는 부모님의 사랑과 수고를 모른다. 내가 자식을 낳아 키워보아야 그 고마움을 알 수 있다.

셋째로 나를 가르쳐주신 많은 스승에게 감사해야 한다.

우리가 직접 배운 선생님만이 스승이 아니다. 내가 책을 통해서 배우는 동서고금의 많은 스승이 있다. 공자는 나의 으뜸가는 스승이요, 그리스도와 석가는 내가 가장 우러러보는 스승이다. 칸트도 나의 스승이요, 율곡도 나의 스승이요, 간디도 나의 스승이요, 도산도 나의 스승이다.

이러한 스승의 책을 읽고 그들의 사상과 인격을 배워 오늘의 내가 된 것이다.

끝으로 나의 생명과 생활을 도와주신 많은 중생(衆生)과 동포의 은혜에 감사하는 마음을 가져야 한다.

우리가 감사해야 할 일과 고마워해야 할 사람이 우리 주변에 얼마나 많은지 모른다. 감사하는 마음을 가져라.

희열과 평화와 행복의 인생을 사는 비결이 무엇인가? 감격과 감사하는 마음으로 사는 것이다.

네 마음의 잔(盞)을 감격과 감사로 채워라. 그것이 행복의 문을 여는 열쇠다.

신앙

김형석

예수 앞에서 나의 존재를 깨달을 때

80이 넘은 할아버지가 어린 손자를 불렀다. 할아버지는 손자에게 "앞으로 내가 더 늙어 외출이 어려워질지 모르겠다. 그래서 오늘은 너를 데리고 꼭 갈 곳이 있으니 같이 가자"고 말했다. 손자는 할아버지의 옷차림과 근엄한 모습을 보고 자신도 단정한 옷으로 갈아입고 나섰다.

할아버지는 손주의 손을 붙들고 언덕을 넘어 마을 공동묘지로

갔다. 손주는 할아버지보다 먼저 세상을 떠난 아버지의 무덤을 가는 것을 직감했다. 그래서 말없이 따랐다.

무덤 앞에 선 할아버지는 손주에게 조용히 이렇게 말했다.

"여기에 내 아들인 네 아버지가 잠들어 있다. 네 아버지는 모든 점에서 좋은 사람이었다. 나는 조금도 네 아버지를 나무라지 않는다. 그런데 단 한 가지 네가 아버지를 따라서는 안 될 것이 있다. 네 아버지는 세상을 떠날 때까지 예수를 예수로만 알고 있었지 예수를 그리스도로 믿지는 못했다. 나는 네가 꼭 예수를 그리스도로 믿어 줄 것을 부탁한다."

많은 사람들이 예수를 인간 예수로는 믿는다. 그러나 예수 그리스도로는 믿지 못한다. 또 어떤 사람들은 예수를 나와는 상관이 없는 믿는 사람들만의 그리스도로 생각해 버린다.

성경을 읽어보면 기독교 신앙의 열쇠는 간단하다. 예수가 그리스도임을 믿는 것이다. 요셉과 마리아의 아들로 태어난 인간 예수가 하나님의 독생자인 예수 그리스도임을 믿어야 한다. 예수는 나와 같은 인간(의 아들)으로 태어났다. 나와 다름없는 인간성을 갖고 시공간 속에서 삶을 영위한 평범한 유대의 소시민으로 살았다. 그 점에서는 나와 다를 바 없다.

그러나 그 예수가 부르심을 받아 구약의 예언자들이 약속해준 메시아, 온 이스라엘 사람들의 구세주인 그리스도가 되었다. 그리고 마침내 그를 믿고 따르는 모든 사람의 그리스도가 되었다.

그래서 그 할아버지는 자신의 일생이 끝나갈 무렵, 하나밖에 없는 손주를 이끌고 아들의 무덤 앞에서 마지막 신앙고백을 했던 것이다. 아들은 예수를 예수로 믿는 데 그쳤지만 손주인 너는 예수를 그리스도로 믿어야 한다고.

예수를 직접적으로든 간접적으로든 접해보지 않은 사람은 없다. 예수가 태어난 날을 기념하는 크리스마스는 인류의 축제일이 되어 있으며 다른 종교를 믿는 사람도 자신이 믿는 교주와 더불어 예수를 모르는 사람은 없다. 그러나 그 예수를 그리스도로 받아들이는 사람은 적다.

어떤 예수의 전기 작가는 "예수가 얼마나 모범적인 인생을 살았으면 그를 '하나님의 아들과 같았다'고 말했겠는가" 하고 평하고 있다. 지극히 존경받을 수는 있어도 그리스도일 수는 없다는 뜻이다.

그렇다면 누가 예수를 그리스도로 받아들이게 될까? 예수를 통해 인간이 어떤 존재인지 깨닫는 사람이다. 나를 성찰하는 일은 누구나 한다. 철학자도 예술가도 그 책임을 감당해왔다. 그러나 그것만으로는 부족하다. 예수를 통해 내가 누구인가를 물으며, 예수 앞에서 인간이 어떤 존재인가를 물어야 한다.

옛날 예수의 제자들이 그러했다. 그들은 친지 및 이웃과 살면서도 참다운 자아를 발견하지도 못했고 깨닫지도 못했다. 그러다가 예수와 더불어 살면서 예수를 통해 자신을 보게 되었다. 물론 예수는 친구이기도 했고 스승이기도 했다. 그렇게 예수를 따르던 제자들은 다른 사람에게는 발견할 수 없었던 자아를 예수 앞에서 깨달았던 것이다.

그 사실을 처음 고백한 사람이 베드로였고, 다른 제자들도 그 뒤를 따랐다. 지금 우리도 그 뒤를 따르고 있다.

그렇다면 예수 앞에서 얻은 깨달음은 무엇인가? 내가 얼마나 죄인이었는가를 발견하는 것이다. 그것이 가능한 것은 예수의 참되고 성스러운 삶을 바라볼 수 있었기 때문이다. 예수를 대했던 많은 사람들이 이와 같이 고백했다. "주여, 저는 죄인입니다. 저를 떠나소서." 지금도 많은 사람들이 예수 앞에서 같은 고백을 한다. 그 사람들이 특별히 죄인이기 때문이 아니다. 법적으로는 죄인 취급을 받을 사람이 아니다. 그들 중에는 지극히 양심적인 사람도 있다. 다른 사람들 앞에서는 전혀 부끄럽지 않으며, 오히려 존경을 받기도 한다. 그러나 그들도 예수와 더불어 머물게 되면 스스로를 죄스러운 존재, 죄인임을 고백하게 된다.

그들은 예수에게서 어떤 거룩함을 느끼곤 했다. 그 거룩함 앞에서 자신의 속됨을 숨길 수 없었던 것이다. 베드로는 법정에서 세 번이나 스승 예수를 부정했다. 그리고 예수의 예언대로 새벽닭이 우는 소리를 들었다. 성경에는 새벽닭 울음소리에 충격을 받은 베드로가 법정 밖으로 뛰쳐나가 한없이 울었다고 기록되어 있다. 예수의 수제자로 자처했고 누구보다도 예수를 따를 것이라고 자부했던 그도 결국은 통곡으로 스스로의 죄스러움을 뉘우쳤던 것이다.

왜 그렇게 되는가. 예수는 죄를 고백한 사람에게 약속대로 사랑을 베풀어주었던 까닭이다. 예수의 삶에는 거룩함과 사랑이 있었다. 지금도 그렇다.

언젠가 한 선배 교수의 병상을 찾은 일이 있다. 그 교수는 나에게 "김 선생, 나는 죄 많은 사람이야"라는 말을 남기고 며칠 뒤 세상을 떠났다. 그 교수는 우리 모두에 비해 특별히 죄 많은 사람은 아니다. 나도 그에게 당신은 죄인이 아니라고 말하고 싶었다. 그가 죄인이면 나도 죄인이기 때문이다.

그러나 그 교수는 죽음을 앞두고 종교, 즉 신앙적 고백을 했던 것이다. 예수 앞에서 자신이 죄인임을 고백하는 것은 예수를 그리스도로 받아들이는 신앙고백이다. 그 교수는 나를 잘 알기 때문에 신앙의 친구인 내 앞에서 스스로가 죄인 됨을 고백했던 것이다. 예수를 그리스도로 믿었던 것이다.

김태길

기도

나는 교회에 나가지 않고 절에도 다니지 않는다. 그러나 가정과 직장의 내 주위 사람들은 대개 열심히 교회에 나간다. 교회에 나가는 사람들은 식사 때마다 기도를 올린다. 같은 식탁에서 나만 홀로 눈을 뜨고 수저부터 드는 것은 분위기에 어울리지 않는다. 그런 까닭으로 나도 식사 때는 기도를 올리게 되었다.

그저 눈을 감고 고개를 숙이는 것만으로 기도가 되는 것은 아니다. 마음속으로도 뭔가 색다른 생각을 해야 기도가 될 것이다. 한국 사람은 기도할 때 대개 어떤 소원이 성취되기를 비는 경우가 많다. 식구들의 건강을 빌기도 하고, 나같이 믿음이 부족한 사람을 교회로 인도해주십사 하고 빌기도 한다. 그러나 평소에 나는 어떤 소원이 성취되도록 도와달라고 빌고 싶은 마음이 간절한 편은 아니다.

나는 감사하는 기도를 올리기로 했다. 감사할 일은 얼마든지 널려 있다. 우선 내가 좋은 음식을 매일 먹을 수 있는 것은 실로 많은 사람들의 노동 덕분에 가능하다. 농부들은 물론이고, 가정과 식당에서 부엌일에 종사하는 사람들에게 감사할 일이요, 가스와 전력의 공급에 관여한 사람들에게도 감사해야 마땅하다.

수돗물이 나오고 전깃불이 들어오는 것도 고마운 일이고, 버스와 택시 그리고 전철이 굴러다니는 것도 고마운 일이다.

그러나 감사의 기도는 정신 집중이 어렵다. 금방 딴생각이 끼어드는 것이다. 수양이 부족한 탓으로 온갖 잡념이 오락가락한다. 그래서 나는 남보다 빨리 눈을 뜬다. 옆 사람이 아직 눈을 감고 있는 것을 보고 다시 눈을 감을까 하는 생각이 들기도 하지만, 그대로 수저를 든다.

식사와는 관계없는 자리에 홀로 있을 때 나도 진심으로 기도하고 싶은 마음을 느낄 때가 있다. 무궁한 대자연의 위대함과 신비로움 앞에서 너무나 왜소하고 무력한 인간의 모습을 들여다볼 때, 무릎을 꿇고 두 손을 모으고 싶은 충동을 느낀다. 그뿐만이 아니다. 나 또는 내 가까운 사람들에게 큰 불행이 다가왔을 때, 엎드려 기도하는 아낙네 같은 심정을 경험한 적도 있다.

무한히 크고 신비로운 대자연 앞에 고개를 숙일 때나 '불행에서 벗어나도록 도와주소서' 하고 두 손을 모을 때에는 저절로 정신 집중이 되는 듯한 느낌이 든다. 그러나 감사의 기도 때는 여전히 잡념이 끼어든다. 진정 잡념 없이 순수한 마음으로 감사의 기도를 올릴 수 있는 날은 언제쯤 올 것인가.

깨닫는 종교와 믿는 종교

"나는 길이요 진리요 생명이다(I am the way, ant the truth, and the life)." 요한복음 14장 6절에 나오는 그리스도의 말씀이다.

그리스도는 스스로를 길이요, 진리요, 생명이라고 외쳤다. 그는 위대한 길의 실천자요, 깊은 진리의 구현자(具現者)요, 영원한 생명의 상징이었다.

그는 우리에게 신생(新生)의 길을 가르쳤고, 영생(永生)의 길을 보여주었고, 구원의 길을 제시했다. 또 사랑의 길을 가르쳤고, 정의의 길을 이끌었고, 평화의 길을 명시했고, 행복의 길을 말씀했고, 자유의 길을 열었고, 진리의 길을 밝혔다. 그래서 나는 곧 길(via)이요, 진리(veritas)요, 생명(vita)이라고 외쳤다.

얼마나 힘찬 말인가. 그 말에 뒤이어 그리스도는 이렇게 말했다. "나로 말미암지 않고는 아버지께로 올 자가 없느니라."

하나님 아버지에게 도달하려면 그리스도를 거쳐야 한다. 그리스도를 통하지 않고는 하나님에게 갈 수 없다. 그리스도는 하나님에게로 가는 진리의 문이요, 생명의 문이다.

그는 또 외쳤다. "나는 생명의 떡이니 내게 오는 자는 결코 주리지 아니할 터이요 나를 믿는 자는 영원히 목마르지 아니하리라"(요 6:35).

그리스도를 믿고 그리스도의 길을 따르는 자만이 진리에 도달하고 생명에 도달하고 하늘나라에 도달하고 영생의 세계에 이를 수 있다.

인류의 4대 성인 중에서 그리스도의 메시지가 가장 뜨겁고 강하다. 그것은 정열약동(情熱躍動), 신념충만(信念充滿)의 말씀이다.

불교는 조용히 설득하고 기독교는 힘차게 외친다. 불교는 깨닫는 종교요, 기독교는 믿는 종교다. 불교와 기독교는 교리의 표현방식과 포교 스타일에 큰 차이가 있다. 전자는 정적(靜的)이요, 후자는 동적(動的)이다. 그리스도는 뜨겁게 외쳤고, 석가는 조용히 말했다.

기독교는 인간의 창조와 타락과 구원이라는 세 개의 장으로 구성된 종교의 메시지다. 전지전능한 하나님의 천지창조와 인류의 조상인 아담과 하와의 죄와 타락, 그리고 구세주, 이것이 기독교의 핵심 원리다.

그리스도는 탄생에서 죽음과 부활에 이르기까지 많은 신비와 기적에 싸여 있다.

세계 사성(四聖) 중에서 활동 기간이 가장 짧았고, 일찍 요절했다. 그리스도의 공적 활동(공생애)은 30세에서 33세까지 겨우 3년간이다. 인도의 왕자로 태어난 석가는 80세에 세상을 떠났고, 유교의 창시자인 공자는 73세에 별세했고, 아테네 서민 계급 출신인 철인 소크라테스는 70세에 옥사했고, 기독교 개조(開祖)인 그리스도는 33세에 십자가에서 처형되었다.

그리스도의 33년의 생애는 그 시작도 신비요, 그 끝도 신비다. 그것은 초이성(超理性)의 세계다. 가난한 목수 요셉의 약혼녀인 마리아의 몸에서 성령으로 잉태되어 북(北) 팔레스티나의 벽촌 베들레헴에서 출생하고, 나사렛 마을에서 살다가 30세 때 세례 요한에게 세례를 받고, 40일간 광야에서 기도와 시련을 거쳐, "회개하라. 천국이 가까웠느니라"라는 메시지를 서두로 전도활동을 시작했다. 그리하여 사랑과 정의와 하나님의 신앙과 사해동포주의(四海同胞主義)를 역설하고, 많은 이적을 행한 후, 공생애 3년 만에 바리새 교인과 충돌하여 제자 가룟 유다의 배반으로 십자가에 못 박혀 죽은 뒤, 3일 만에 죽음에서 부활하여 40일간 제자들과 같이 있다가 마침내 승천하였다.

이것이 우리가 알고 있는 그리스도의 생애다. 그리스도는 자기의 죽음이 만민을 위한 속죄의 희생임을 자각했고, 그의 제자들은 예수의 부활을 믿고 그리스도를 구주로 섬기면서 기독교가 탄생했다.

기독교는 예수와 예수의 말씀을 믿고 따른 열두 제자, 모두 열세 사람에서 시작된 진리 운동이요, 종교 운동이요, 신앙 운동이다. 그 뒤에 사도 바울의 전도활동으로 그리스도의 말씀은 전 세계 인류에게 널리 퍼져 세계적인 종교의 하나가 되었다. 세상에 진리의 전파력처럼 무서운 것이 없다. 참된 생명의 말씀은 국경과 인종의 장벽을 넘어 세계로 확산되었다. 크도다 진리의 빛이여. 놀랍도다 말씀의 힘이여.

영원히 남는 것은 진리의 말씀뿐이다. 개인도 죽고 나라도 망하지만 진리의 말씀은 영원불멸이다.

예수 그리스도(Jesus Christ)라는 이름은 무엇을 의미하는가? 예수는 그리스어로 예수스(Iesous)요, 히브리어로는 예수아(Yesha)다. 모두 구원(救援, salvation)을 의미한다.

예수란 말은 그 당시 유대인 사회에서는 일반적인 개인의 이름이었다. 예수란 이름은 하나님 자신이 그리스도에게 붙여준 이름이다.

"아들을 낳으리니 이름을 예수라 하라 이는 그가 자기 백성을 그들의 죄에서 구원할 자이심이라 하니라"(마 1:21).

예수라는 이름은 신이 명명(命名)한 것이다. 이것은 하나님의 놀라운 섭리와 위대한 계획의 표현이다. 그는 장차 구세주가 될 인물이었다.

그리스도란 말은 그리스어 크리스토스(christos)에서 유래한다. 그리스도는 '성유(聖油)를 머리에 부음받은 자(the annointed)'라는 뜻이다. 고대 히브리 국가에서는 왕이 즉위할 때 왕의 머리에 기름을 부었다. 이것은 이스라엘을 구하기 위하여 신이 보낸 특별한 사명을 의미한다. 신은 왕이나 제사장이나 예언자에게 어떤 성직(聖職)을 맡길 때 그 임무를 수행하기 위하여 특별한 영과 힘을 준다는 상징으로 머리에 성유를 부었다.

기독교에서는 기름부음을 받은 자는 메시아요, 인류를 구원할 구세주를 의미한다. 그리스도는 인류의 구세주가 되기 위하여 신으로부터 성유를 받은 위대한 사명적 존재다. 세계 종교인 기독교와 불교는 비교종교학적으로 볼 때 세 가지의 기본적 차이점이 있다.

첫째로 기독교는 죄에서의 해방을 강조하고, 불교는 고통[苦]에서의 해탈(解脫)을 역설한다.

죄와 고통은 인간의 2대 부정(否定) 원리다. 어떻게 하면 죄에서 벗어날 수 있느냐를 강조하는 것이 기독교다. 구약 성경의 제1권인 창세기는 아담과 하와가 하나님의 계명을 거역하고 죄를 짓는 데서부터 시작한다. 불교는 일체개고(一切皆苦)의 원리를 시발점으로 삼는다. 죄는 기독교적 세계관의 기본이요, 고통은 불교적 세계관의 기본이다.

둘째로 기독교는 믿음[信]을 강조하는 종교요, 불교는 깨달음[覺]을 역설하는 종교다. 전지전능한 하나님을 믿어라. 믿지 않는 것이 으뜸가는 죄다. 이것이 기독교의 출발점이다. 믿는 것이 가장 중요하다. 그러나 불교는 올바른 깨달음의 중요성을 강조한다. 우주와 인생의 깊은 지혜를 깨닫는 것이 구원이요, 해탈이다. 전자는 믿으라고 외치고, 후자는 깨달으라고 주장한다.

셋째로 기독교는 유신론의 종교요, 불교는 무신론의 종교다.

"태초에 하나님이 천지를 창조하시니라." 구약 성경 제일 첫머리에 나오는 말이다. 만물의 알파요 오메가인 하나님을 믿고 경외하고 섬기는 것이 기독교의 근본이다. 그러나 불교는 창조주 하나님을 말하지 않는다. 이 세상의 모든 것은 인연에서부터 시작한다. 우주의 근본 진리인 달마(dharma, 法)를 배우고 깨닫고 실천하는 것이 가장 중요하다고 불교는 강조한다. 이와 같이 불교와 기독교는 각각 세계관이 다르고, 진리관이 다르고, 강조점이 다르다.

2부

삶의
열매들

성실

김형석

공부하는 윗사람

오래전 일이다.

어떤 큰 기업체의 사원 교육에 참여한 적이 있었다. 110분 동안 정신교육 시간을 맡아 강의하는 일이었다. 일반사원 교육이 끝나면 중간 관리층을 교육하고, 그 과정이 끝나면 고급 관리자들에게 약간 높은 수준의 강의를 해주는 역할을 맡은 것이다.

그런데 관리자 교육이 끝난 뒤 여론조사를 해보니, '우리만 교육

을 받는다고 해서 무슨 도움이 되겠는가, 임원진이 교육을 받아야
일체감도 조성되고 회사 전체적으로도 발전과 혁신이 가능할 것이
다'라는 제안이 압도적으로 많았다.

그 결과를 접한 교육 담당자들은 상당히 부푼 기대를 안고 그 희
망사항을 회사 본부에 전달했다. 이 정도의 여론이라면 교육의 성
과에 대해 좋은 평가를 받은 셈이고, 여기서 더 나아가 고위직들까
지 교육에 동참한다면 소기의 목적을 달성할 수 있으리라는 긍정
적인 반응을 기대했던 것이다. 그런데 뜻밖의 결과가 나왔다. 사장
으로부터 내려온 대답은, '교육은 사원들을 위한 것이었으니 당신
네들이나 만족하면 그것으로 되지 않았느냐, 윗사람들에 대한 교육
운운하는 주제넘은 요청은 받아들일 수 없다'는 것이었다.

그렇게 되자 나는 자연히 임원들을 위한 강의를 맡을 필요가 없
어졌고, 그 회사에 대한 관심도 점차 뇌리에서 사라져갔다.

그러다가 2년 반쯤 지난 어느 날, 신문을 보니 바로 그 대기업이
운영부실로 인해 경영권이 다른 기업으로 넘어가게 되었다는 기사
가 실려 있었다. 나는 그 신문 기사를 읽으면서 착잡하고 우울한 상
념에 잠겼다. 그렇게 큰 규모로 성장한 회사가 국제적인 불황이 있
었던 것도 아닌데 어째서 그 지경이 되었을까 하는 의문과 동시에
우리나라의 여러 기업체들이 같은 운명에 처하게 되면 어쩌나 하는
걱정과 우려를 누를 길이 없었다.

만일 그때 그 회사의 운영 책임자들이 성실하게 교육에 임했더

라면 결과는 달라지지 않았을까 하는 생각이 들었다. 한편으로는 역시 배우고 성장하려는 노력을 포기한 경영인들이라면 도태되어야 마땅하다는 나의 뜻을 확인하는 계기가 되기도 했다.

기업을 성공적으로 이끌어간다는 것은 좀처럼 쉬운 일이 아니다. 한두 차례의 교육으로 그 결과가 좌우되는 일은 더욱 있을 수 없다. 그러나 교만하고 노력하지 않는 정신자세는 크게 반성해야 할 일이 아닐 수 없다.

그런 문제는 그 회사에만 해당되지 않는다. 우리 주변의 많은 지도층 인사들이 비슷한 과오를 범하는 것은 아닌지 걱정된다.

윗자리에 올라간 초기에는 성실하게 노력하고 겸손한 자세를 취하던 사람들도 세월이 지나면 스스로를 과신하게 되며, 내가 아니면 안 된다는 자만심에 빠지곤 한다. 심지어는 다른 사람이 그 직책을 맡았다면 훨씬 더 훌륭한 업적을 세울 수 있었을 텐데도 자신보다 나은 지도자가 없다는 착각에 빠지기까지 한다.

그 정도가 심해지면 지도자가 따로 있고 지도를 받아야 할 사람이 결정되어 있는 것처럼 오판을 한다. 정화를 시키는 계층이 있고 정화를 받아야 할 사람들이 따로 있다고 속단해 버린다. 그래서 선진사회에서는 들어볼 수도 없는 '뿌리를 뽑는다'는 말을 매일같이 떠벌이며 윗사람이 왕처럼 군림하는 세상을 만들기도 한다. 하루속히 시정되어야 할 정신자세가 아닐 수 없다.

그러나 요즘은 많은 것이 변하고 있다. 큰 기업체의 임원과 간부들이 오히려 더 열심히 배우고 성실하게 노력하는 모습을 자주 보게 된다. 이제는 다른 기업체들과의 경쟁이 불가피하게 되었으며, 국제무대에서 살아남기 위해서는 임원들 자신이 더 벅찬 과제를 책임지지 않을 수 없게 된 때문이기도 하다.

외국의 경우는 더 진지한 것 같다. 사장과 경영진들이 세미나나 연구회의에 참석해 누구보다 먼저 새로운 이론과 시대적 흐름을 배우려고 노력한다. 이렇게 변화하는 환경에 대처하지 않고는 발전적인 경영을 지속할 길이 막히는 것이 현실이기 때문이다.

우리도 하루속히 그런 책임감 있는 사람이 지도자의 자리에 앉는 풍토가 정착되어야겠다.

어느 학생보다도 열심히 공부하는 교수가 존경받는 스승이 되며, 어떤 사원보다도 성실히 노력하는 상사가 훌륭한 윗사람이 된다. 그래야 그 학교와 회사가 발전할 수 있지 않겠는가.

따라서 우리 모두가 항상 문제의식을 갖고 미래에 도전하는 창의적이고 발전적인 자세를 갖추되, 교만을 버리고 성실하게 자신의 책임을 다하는 사람이 되어야겠다.

김태길

두 종류의 의사

그날 저녁에 집으로 돌아온 것은 아홉 시가 좀 지나서였다. 집에는 우울한 소식이 기다리고 있었다. 어린것의 몸이 성치 않았던 것이다. 세상에 나온 지 아직 사흘도 못 되는 갓난아이다. 그것이 젖빨기를 거부하고 자꾸 기를 쓰고 울기만 한다. 누가 바늘로 찌르기라도 하는 듯이 몹시 고통스러운 울음소리.

산모의 근심하는 모습은 거의 실신한 사람에 가깝다. 나이 사십에 처음으로 낳은 아들이고 보니, 초조함과 안타까움이 더욱 간절하다.

"오오 딱하지, 어디가 아파서 그러누? 응, 그래그래 그만두세."

마치 상대가 모든 말귀를 다 알아듣기라도 하는 것 같은 말투다. 남이 보기에는 한낱 핏덩어리에 지나지 않을지도 모르지만, 엄마 눈에는 아주 완전한 인격체다. 아니, 인격체 이상의 것이다. 세상에 하나밖에 없는 보배가 아니던가.

병원에 안고 가자니 밤바람이 몹시 차다. 벌써 아홉시 반, 왕진을 부탁한대도 와줄 의사가 있을지 의문이다. 우리 집에서 가까운 거리에 사는 여의사 R박사와는 안다면 알고 모른다면 모르는 사이다.

언젠가 그의 부군 되는 분을 따라 그 댁을 방문한 일이 한 번 있었으나, 지금은 그 부군과도 만나는 일이 전혀 없게 되었으니, 이를테면 알다가 모르게 된 그런 사이다.

사람이란 아쉬운 사정이 생기면 모르는 사람에게도 아는 척을 하는 잔꾀를 가진 동물이다. 그래서 나도 R박사를 아는 척, '밤늦게 죄송하기 짝이 없으나, 잠깐 오셔서…' 하고 명함을 적어 보냈던 것이다.

그러나 R박사를 모시러 간 사람은 혼자서 돌아왔다. 갓난아이에게 그런 증세는 흔히 있는 법이니, 그리 걱정할 것 없다는 위로의 말만을 받아가지고 돌아온 것이다.

의사들 가운데는 약을 너무 많이 주는 사람이 있는 반면, 너무 적게 주는 사람도 있다. 개인 병원을 차린 의사에게 모르는 환자가 찾아가면, 으레 주사를 두 대쯤 놓고 또 물약과 가루약을 준다. 그러나 종합병원에 취직한 동창생이나 사촌 형님을 찾아가 상의하면 이렇게 말한다.

"그 병에 특효약은 없어. 그저 푹 쉬고 영양이나 섭취하도록 해."

아마 의사들처럼 의학을 믿지 않는 사람도 드물 것이다. 그래서 의사가 병이 들면 가장 곤란한 케이스가 되는 것일지도 모른다.

'전문'이란 슬픈 것이다. 평생을 여자들만 있는 여학교 훈장으로 늙은 사람은 오히려 여성의 신비를 모르고, 기도를 올려도 실제로 별 효험이 없다는 것을 체험으로 터득한 직업적 종교가는 신도들이 기도하는 순간에 머리를 들고 주위를 돌아볼 마음의 여유(?)를 가졌다.

R박사가 왕진을 보류한 것과 약을 혹은 많이 주고 혹은 적게 주는 의사들의 풍속 사이에 직접적인 관계는 없을지도 모른다. 더구나 여학교의 훈장이나 직업 종교가의 이야기는 엉뚱한 비약에 가까울 것이다. 그러나 나의 연상은 사실상 그러한 방향으로 흘러갔던 것이다.

'좀 더 두고 보면 저절로 나올 것'이라던 R박사의 예언은 그러나 들어맞지 않았다. 어른과 아이가 새우다시피 그 지루한 밤을 지켰다. 다음날 일곱 시가 가까워오니 밖이 훤하게 밝아왔다. 이제는 의사를 불러도 좋을 시간이라고 판단이 되었다.

어떤 의사를 부를 것인가? 나는 A소아과가 어떻겠느냐고 제언하였다. 그가 왕진 가방을 들고 다니는 모습을 가끔 목격했기 때문이다. 그러나 아내는 찬성하지 않았다. A소아과 의사는 자기 자신의 자녀를 셋이나 돌 전에 잃었다는 것이다.

그러면 B소아과가 어떠냐고 물었다. B소아과는 더욱 반대라고 대답한다. 몹시 비양심적이라는 것이다.

B소아과에서는 하루 네 번 먹을 가루약을 줄 때, 약봉지에 ①②③④ 번호를 매긴다. 그리고 반드시 번호 순서대로 먹이라고 거듭 당부한다. 그러나 네 봉지의 약이 사실은 똑같은 내용의 것이라고 동네 아낙네들은 수군거린다. 이것은 그에게 '사기성'이 있다는 증거의 하나에 불과하다는 것이다.

결국 C소아과의 문을 두드리기로 했다. 문을 열어주지는 않고, 집안에서 여자의 목소리가 누구냐고 묻는다. 급한 환자가 있어 선생님을 모시러 왔다고 여쭈었더니, 여자가 대답한다.

"선생님은 지금 몸이 불편하시어 왕진은 못 가세요. 아홉 시쯤 환자를 데리고 오세요."

이번에는 D의원으로 달려갔다. 그러나 D의원의 선생님도 몸이 불편하시다고 한다. 나는 그제야 '몸이 불편하시다'는 말의 의미를 대강 짐작할 수 있었다.

D의원은 수년 전에 이 근방으로 옮겨온 병원이다. 처음에 이사 왔을 당시에는 전화만 걸어도 곧 의사가 달려오더니, 요즈음은 약간 사정이 달라진 모양이다. 의술은 대단치 않지만 예수를 믿고 말을 잘하는 관계로 여자 손님이 많이 찾아온다는 소문이 있는 D의원도, 이젠 왕진을 다니기에는 너무 귀하신 몸이 된 것일까?

왕진은 단념하는 것이 좋겠다는 결론이 내려졌다. 3일도 안 지난 것이 찬바람을 쏘이는 한이 있더라도 병원으로 데리고 가는 수밖에 없다. 기왕에 데리고 갈 바에야 고명하신 E소아과로 가보자는 것이 산모의 소원이었다. E소아과는 일정한 시간 이외에는 찾아온 환자도 봐주지 않을 정도로 고명하다.

E소아과에서는 여러 사람이 기다리고 있었다. 허술한 차림의 어머니가 간호사에게 '관대한 처분'을 애원하는 모습도 보인다. 돈을 3백 원밖에 갖고 오지 못했다는 것이다.

우리 차례가 왔다. 대머리가 벗겨진 의사는 곧 진단을 내렸다.

"황달에 뇌수종이라는 병이 겹쳤습니다."

귀에 익지 않은 병명인지라, 단순한 소화 불량이나 감기이기를 바랐던 부모의 마음이 자못 무겁다. 그러나 며칠만 다니면 괜찮아질 것이라는 의사의 말에 다시 얼굴을 편다. 예에 따라 주사를 두 대 놓게 하고 물약과 가루약의 처방을 쓰면서 내일 또 오라고 지시할 때까지 걸린 시간은 불과 5분. 치료비는 대학 선생 여섯 시간의 강사료에 가까웠다.

그러나 E소아과의 비싼 약은 조금도 효과를 나타내지 않았다. 이젠 무슨 방도를 강구할 것인지 답답하기 짝이 없었다. 이때 우연히 약제사 Y선생을 만났다. 산후가 어떠냐고 묻는 그에게 그 동안의 경과 가운데서 E소아과의 대목만을 대략 전했다. Y선생은 크게 상을 찌푸렸다.

"와 하필이면 그 소아과엘 갔습니꺼? 거기 아주 유명한 뎁니더. 어마어마한 병명을 붙여 공포심을 일으키곤 값을 호되게 받아낸다고 안합니꺼."

Y선생은 좀 더 믿을 만한 의사에게 아이를 보여보라고 권고하였다. 의사에게는 두 가지 유형이 있다는 것이다. 돈밖에 모르는 의사가 있는 반면에, 사람의 병을 고치는 것을 보람있는 천직으로 아는 훌륭한 의사도 있다는 것이다.

믿을 만한 의사! 결국 K박사를 찾아가 상의하기로 하였다. K박사가 훌륭한 의사라는 것은 알고 있었지만, 그분이 현재 개업의가 아님을 생각하고 사양했던 것이다. 그러나 이제 와서는 그분의 도움을 청할 수밖에 없다고 판단했다.

어린 것을 데리고 가지 않고 우선 혼자서 K박사의 연구실을 찾아갔다. K박사에 의하면, 갓난아이의 70퍼센트는 황달병을 가지고 나온다. 따라서 그것은 별로 염려할 만한 병이 아니다. 그리고 E소아과에서 '뇌수종'이라고 진단받은 증세, 즉 머리에 물주머니가 생긴 것은 해산 때의 어려움에 기인한 것이며, 가만히 내버려두면 저절로 낫는다.

K박사는 신경의 안정과 소화의 촉진을 위한 처방 하나를 써주었다. 주사도 가루약도 없이 오직 간단한 물약이었으나, 그것을 먹고 어린 것은 곧 건강을 회복하기 시작하였다.

의술에도 등급이 있다는 것을 느꼈다. 그리고 의사의 등급은 그의 인격과 밀접한 관계가 있다는 생각이 들었다. 새삼 절실하게 느낀 것은 돈을 잘 버는 의사가 반드시 명의(名醫)가 아니라는 평범한 사실이다.

돈만 아는 의사도 '의사'요, 한 몸을 바쳐 인술(仁術)을 베푸는 사람도 '의사'라고 부른다. 새 말을 지어내는 데 소질과 취미가 풍부한 국어학자들은, '이름씨'와 '명사'를 가지고 싸울 여가에 저 두 가지 '의사'를 구별할 새로운 단어라도 찾아주었으면 고맙겠다.

세상에 돈에만 열중한 의사가 많다는 것은 섭섭한 일이다. 그러나 그렇지 않은 인술의 소유자가 더러는 있다는 사실이 인생에 한 줄기 광명을 던진다.

안병욱

성실은 자기완성의 원리

사마광(司馬光)은 북송(北宋)의 유명한 학자요, 정치가다. 그는 《자치통감(資治通鑑)》이라는 명저를 썼다. 정치를 하는 데 거울이 되는 책이란 뜻이다.

사마광의 제자인 유안세(劉安世)가 사마광에게 물었다.

"선생님, 한문자 수만 자 중에서 제일 중요한 글자가 무엇입니까? 우리가 일생 동안 살아가면서 생활의 좌우명으로 삼을 만한 글자를 하나만 골라주십시오."

"그것은 성(誠)이라는 글자다."

"선생님, 성이란 무엇입니까?"

사마광은 간결 명쾌하게 "불망어(不妄語)"라고 대답했다.

망은 '허망할 망(妄)'자다. 허망한 말과 허망한 행동을 하지 않는 것이 성이다. 인생을 허망하게 살지 말라. 허망은 거짓이 많고 망령된 것이요, 허황하고 믿을 수 없는 것이다. 허망의 반대는 참이요, 진실이요, 정직이다.

인생이라는 사전의 첫머리에 가장 큰 글자로 써야 할 제일 중요한 낱말이 있다면 그것은 성이라는 글자다.

우리는 인생을 성실하게 살아야 한다. 동서고금의 모든 책 중에서 성실을 가장 강조한 것은 공자의 손자인 자사(子思)가 쓴《중용(中庸)》이라는 책이다. 유교 사서(四書)의 하나인《중용》은 성실주의의 인생관, 성실주의의 세계관으로 일관되어 있다. 성실은《중용》의 알파인 동시에 오메가다.《중용》은 이 우주가 성실의 원리로 되어 있다고 가르친다.

자연에는 절대로 거짓이 없다. 사람이 거짓말을 한다. 허위(虛僞)의 위(僞)자를 보라. 인간[人]의 행위[爲]에는 거짓이 많다.

자연은 진실무망(眞實無妄)이다. 참되고 거짓이 없다. 우리는 자연한테서 진실무망의 철리(哲理)를 배워야 한다. 그러므로《중용》은 이렇게 갈파했다.

'지성여신(至誠如神)'. 지극한 정성은 신과 같은 놀라운 힘이 있다는 뜻이다. 지성을 가지고 사람을 대하여라. 반드시 감동한다. 지성은 사람만 감동시키는 것이 아니다. 하늘도 감동시킨다. 그러므로 지성이면 감천이라고 하였다.

사람을 감동시키기를 원하는가. 지극한 정성으로 대하여라. 반드시 감동한다. 인간이 가진 가장 위대한 빛, 가장 놀라운 힘이 무엇인가. 지성이다. 그러므로《중용》은 이렇게 외쳤다.

'성실은 사물의 시작이요 또한 끝이다. 성실성이 없으면 세상에 되는 일이 하나도 없다(誠者物之終始 不誠無物).'

《중용》25장에 나오는 이 말을 우리는 뼈에 새기고 마음에 조각해야 한다. 성실은 인생의 대본(大本)이요, 도덕의 근간이다. 성실성이 없는 사랑은 참된 사랑이 아니다. 성실성이 없는 우정은 오래가지 못한다. 성실성이 없는 대화는 참된 대화가 아니다. 성실성이 없는 인간관계는 진실한 인간관계가 아니다. 성실성이 없는 신앙은 참된 신앙이 아니다. 성실성이 없는 사람은 믿을 수가 없다. 성실성이 없는 교육은 참된 교육이 아니다.

그러므로 성실은 성기(成己)의 원리인 동시에 성물(成物)의 원리라고 《중용》은 결론을 내렸다. 성실은 자기완성의 원리인 동시에 사물을 완성하는 원리다. 위대하도다! 성실의 힘이여.

성실은 인간 최강의 힘이요, 최고의 무기요, 최대의 덕이다. 우리는 모두 성실한 인간이 되어야 한다.

성공(실패)

김형석

성공자와 실패자의 차이

　사람은 누구나 성공을 원한다. 그리고 그 성공의 방법이 무엇인지 터득할 수 있다면 사람은 누구나 성공하도록 되어 있다.

　그 점을 전제하고 성공의 과정과 비결을 찾아보기로 하자.

　사람은 욕심의 노예가 되거나 자기를 위해 살려고 할 때는 반드시 실패한다.

　내가 잘 아는 의사가 있다. 그는 경제적 여유가 생길 때마다 골동품을 구입하곤 했다. 여러 해가 지난 뒤 그 의사가 나에게 말했다.

"골동품을 살 때 가장 조심해야 하는 것은 새로 만든 모조품입니다. 그런데 언제나 싸게 사려고 욕심을 내면 꼭 모조품을 사게 되더군요."

역시 욕심에서 실패가 온다는 뜻이다.

물건을 만들어 팔 때 어떻게 하면 싼 값에 그럴듯하게 만들어 비싸게 팔 수 있을까 하고 돈 벌 궁리만 한다면, 반드시 그 사업에 실패하고 말 것이다. 소비자를 한 번은 속일 수 있을지 몰라도 두 번째부터는 소비자가 그 제품을 외면할 것이고 그러면 결국 그 사업은 실패로 돌아갈 수밖에 없다. 역시 돈을 벌겠다는 욕심 때문에 자초한 실패인 것이다.

아무리 성공했다 해도 자신을 위해 한 일은 모두 실패로 돌아가고 만다. 성공은 남들이 인정하는 객관적 가치 평가에 따르는 것이기 때문이다.

일의 객관적 타당성을 찾는 사람들은 실패하지 않는다. 물건을 만들어 팔 때도 상대방이 얻을 이익과 내가 취할 이득을 정확히 계산하여 그대로 처리하는 사람은 장사에 실패하지 않는다. 무슨 일을 하든지 일의 합리적 표준을 세워 일을 위해 일하는 사람은 언제나 그 당연한 보수를 받는다.

돈과 이윤만을 탐내는 사업가는 실패하게 되나 기업의 사회적 공정성이나 적절한 분배를 도모하는 사람은 실패하지 않는다. 언제나 정도를 걷고 있기 때문이다.

정직하게 대하며, 근면하게 일하며, 순리를 따라 처리하는 사람은 언제나 자신의 분수를 지키며 다른 사람들의 정당한 평가와 협조를 받는다. 그러므로 실패하는 일이 없다.

그러나 참된 성공이 무엇인지 알고 그런 지도자가 될 사람은 이에 머무르지 않는다. 그들은 오히려 이웃과 사회를 도우려고 애쓴다. 크게 성공한 대부분의 사람들은 봉사와 희생정신의 소유자들이다.

내가 아는 어떤 사장은 부하직원들에게 언제나 이렇게 말한다.

"우리 회사가 돈을 벌겠다는 생각은 하지 않아도 좋다. 그 대신 우리와 거래하는 이들이 얼마나 이윤을 남길 수 있을지를 걱정해라."

그 회사는 불경기도 극복했으며, 다른 회사보다 건전한 경영과 빠른 성장을 보이고 있다.

카네기의 글을 읽으면 언제나 반복되는 교훈이 있다. 내 물건을 어떻게 파느냐를 걱정하지 말고 어떻게 상대방을 도울 수 있는가를 염두에 두라는 것이다. 지금은 물건을 파는 사람이 성공하는 것 같아도 세월이 지난 뒤에는 반드시 상대방을 위해 노력한 사람이 성공한다는 진리를 담은 교훈이다.

그러므로 참다운 성공을 원하는 사람은 우선 자기중심의 욕망을 버려야 한다. 그렇지 못하면 그는 성공을 찾아 헤매지만 결국 실패로 향하는 모순을 범하게 된다.

이미 지적한 대로 일을 위해서 일을 하며 일의 공정한 대가와 처리를 꾀하는 사람에게는 실패가 없다. 자신과 사회를 동시에 생각할 수 있기 때문이다. 또한 이웃과 사회를 위해 스스로를 희생시키며 봉사하는 사람은 실패하지 않는다. 해야 할 일을 하는 사람에게는 실패가 있을 수 없기 때문이다.

이렇게 노력하는 사람은 일의 성공과 더불어 참다운 존경과 명예도 뒤따라 얻게 된다.

역사의 위대한 인물들이 모두 그렇게 산 사람들이다. 선한 봉사를 되로 주는 사람은 반드시 그 대가를 말로 받게 되어 있는 것이 인생과 역사의 철칙이다.

김태길

어떤 축하

밝은 얼굴로 박군이 찾아왔다. 시골에서라면 아침에 까치가 울었을 반가운 손님이다.

겸사겸사 찾아온 것이겠지만, 이번에 과장으로 승진했다는 기쁜 소식을 전하려는 뜻이 컸던 것으로 보인다. 박군의 능력으로 보면 당연한 승진이라고도 할 수 있을 것이나 입사한 뒤의 연한으로 따지면 파격적인 발탁이라 하여도 과언이 아니다.

그의 기쁜 소식을 들었을 때, "아, 그런가, 앞으로 회사를 위해서 더욱 열심히 일해야 하겠군" 하고 조용히 말했을 뿐, 만면의 웃음을 띠거나 푸짐한 덕담을 늘어놓아 축하의 뜻을 크게 나타내진 않았다.

의도적으로 인색하게 굴고자 한 것은 아니다. 나도 모르는 사이에 그런 소극적인 반응이 나왔을 뿐이다. 좀 더 활기에 찬 축하를 기대했을지도 모를 박군은 나의 미지근한 태도에 쑥스러움을 느낀 것일까, 승진 발령장을 조용히 거둬들였다.

계장으로 승진했을 때도 박군의 경사는 예외적으로 빨리 왔다는 것이 주위 사람들의 의견이었다. 이제 두 번째의 행운을 맞은 셈이다. 이렇게 빨리 승진하는 것이 과연 본인을 위하여 좋은 일이라고 단순하게 속단하기 어렵다는 생각이 스치며, 공연히 불안한 느낌마저 들었다. 나의 축하가 미지근했던 것도 아마 그 때문일 것이다.

차 한 잔 나누고 바쁘다며 일어서려는 젊은이를 붙들어 앉히고, 나는 지난날의 이야기 한 토막을 끄집어냈다.

근 40년 전에 내가 직접 당한 이야기다.

일본에 있던 '제3고등학교' 입학시험에 합격했을 때, 나는 의기양양하고 기고만장한 심정을 안고 귀성을 서둘렀다. 당시 집이 있던 충주로 가기 전에 우선 청주에 잠시 내려 모교인 청주고등보통학교에 들르기로 하였다. 내가 제3고등학교에 입학원서를 내겠다고 했을 때 담임선생을 비롯 여러 교사들이, "감히 제3고등학교가 어떤 학교인 줄 알고 네가 그곳 시험을 친다는 것이냐? 하룻강아지 범 무서운 줄 모르는 격이구나" 하며 큰 소리로 비웃었던 일을 생각하며, 나는 모교의 교문을 들어섰다. 마침 방학 중이어서, 나의 백선모(白線帽)와 망토를 선망의 눈으로 바라보는 학생들은 없었다.

그날 졸업 전의 담임선생도 만났을 법한데 그 기억은 전혀 없고, 교장실에 들어갔던 일만이 뇌리에 생생하다.

교장은 마스야(升谷)라는 일본 사람이었다.

그 앞에 가서 공손히 절을 했지만, 교장은 가벼운 답례로 위엄스러운 표정을 풀지 않았다.

"교장 선생님, 저는 모교 선생님들의 가르침을 받은 덕분으로 이번에 제3고등학교 입학시험에 합격했습니다."

"아, 그런가. 그렇거든 공부 열심히 해서 우리 모교의 명예를 손상하는 일이 없도록 각별히 주의하게."

"예, 알겠습니다."

"그리고, 그 학교에는 연파(軟派, 여자의 꽁무니를 쫓아다니는 경박한 남자를 의미하는 말)가 많지 않은가?"

"그런 교풍이 아닌 것으로 알고 있습니다."

"하지만 모를 일이야. 하여튼 여자 문제는 항상 조심하도록!"

"예!"

"그럼 그만 나가 봐."

교장실을 나오면서 기분이 좋지 않았다. 한마디의 축하나 칭찬의 말은 없고 시시한 훈계만 들려준 교장의 태도가 아니꼬웠다. 나는 모교의 명예를 위하여 이미 크게 기여했다고 자부하는데, 도리어 '모교의 명예를 손상치 말라'고 하니 공연히 허세를 부리는 것 같기도 하였다. 그 명문에 합격한 것이 만약 일본 학생이었다면, 어깨라도 쓰다듬고 의자도 권했을 법하다는 생각에 민족차별을 당했다는 분노마저 치밀었다.

나는 해방이 될 때까지 다시는 청주고등보통학교에 발을 들여놓지 않았다. 그래도 후배들에게 나의 존재를 과시하고 싶은 충동을 억제하기는 어려워서, 청주고보 재학생 일동에게 '역사적 현실'을 똑바로 보라는 내용의 긴 편지를 띄운 일이 있었다.

낫살이나 들게 된 뒤부터, 저 마스야 교장의 진의를 달리 해석하는 것이 옳지 않을까 하는 생각을 가끔 하게 되었다. 입학시험에 관한 한 청주고보 개교 이래 가장 좋은 성적을 기록한 내가 너무 우쭐해서 안하무인격의 교만한 인간이 될까 걱정하여, 그는 우정('일부러'의 강원도 방언) 나를 냉랭하게 대했을 가능성이 크다. 특히 그가 고등사범학교 출신의 노련한 교육자였다는 사실을 고려할 때, 그러한 해석이 정곡에 가까울 것 같은 생각이 든다.

마스야 교장도 이젠 불귀의 객이 되었을 것이니, 그의 참뜻을 알 길은 없으나, 하여간 그의 태도에서 교만을 경계하는 깊은 교훈을 찾아낸다 해도 결코 무리한 의미부여는 아닐 것이다.

나의 학생 시절 이야기가 끝난 뒤에도 박군은 한동안 일어서지 않았다.

나는 그 얘기를 잘 끄집어냈다고 생각하였다.

안병욱

실패의 쓴 잔을 마신 젊은이들에게

실패 없는 인생은 없다. 살면서 누구든지 몇 번은 실패의 고배를 마신다. 인생에는 도처에 실패라는 함정이 깔려 있다.

우리 앞에는 여러 종류의 실패가 있다. 입시의 실패, 취직의 실패, 연애의 실패, 결혼의 실패, 사업의 실패, 가정의 실패···. 이 세상에 한 번도 실패 없이 인생을 마친 사람은 없을 것이다.

우리는 종종 주변에서 입시나 취직에 실패한 사람들을 볼 수 있다. 희망에 가득 찼던 젊은이가 인생 벽두부터 실패라는 난관에 부딪쳐 실의에 빠져 있는 것을 볼 때, 동정과 안타까움을 금할 수 없다. 실패의 쓴 잔을 마신 젊은이들에게 격려와 계명(誡命)의 지혜를 보내고 싶다.

첫째, 인생에서 누구나 몇 번은 실패를 경험한다는 사실을 알아야 한다. 나만이 인생의 실패자가 아니다. 누구나 한두 차례의 실패는 겪기 마련이다. 그것이 인생의 현실이다.

나도 대학 입시에 떨어져 1년간 재수를 한 적이 있다. 실패를 너무 확대시켜 심각하게 생각해서는 안 된다. 맑은 날만 계속되는 것은 아니다. 우리 인생은 성공보다 실패할 때가 더 많다. 나보다 더한 실패자도 많다는 것을 알고, 자위하는 마음을 가질 줄 알아야 한다.

둘째, 자기의 실패를 냉철히 분석하는 지혜를 가져야 한다. 우리는 실패에서 교훈을 얻을 수 있다. 실패할 때는 반드시 그럴 만한 원인이 있다. 경솔해서 실패하는 경우도 있고, 분수에 넘치는 허욕과 오기로 실패하는 경우도 있다. 상대방을 너무 경시해서, 또는 상황 판단을 잘못해서 실패할 때도 있다. 지혜로운 사람은 실패에서 귀중한 교훈을 얻는다. 실패는 부끄러운 일이 아니다.

경험은 인생의 가장 소중한 스승이다. 특히 실패의 경험은 우리에게 많은 것을 가르쳐준다. 그러므로 우리는 실패에서 슬기로운 지혜와 교훈을 배우는 총명한 인간이 되어야 한다. 그러한 사람만이 실패를 성공의 도약대로 삼을 수 있다.

셋째, 재기할 기회는 언제든지 있다. 기회의 신은 우리를 여러 번 찾아온다. 그때 그 기회를 재빨리 붙잡는 지혜를 가져야 한다. 서양 격언에 '기회의 신은 앞머리를 붙잡아야 한다'라는 말이 있다. 기회의 신은 앞머리는 무성하지만 뒷머리가 대머리라 기회가 왔다가 돌아서 버리면, 아무리 잡으려고 해도 잡을 수 없다는 뜻이다. 기회는 아무나 잡을 수 있는 것이 아니다. 실력을 갖추고 준비된 사람만이 잡을 수 있다. 그러므로 우리는 부단히 실력을 쌓아야 한다.

끝으로 우리는 칠전팔기의 용기를 가져야 한다. 실패를 성공으로 이끄는 원동력은 용기다. 실패는 인생의 시금석이다. 우리에게 얼마만큼 용기가 있는지 시험하는 것이다.

《후한서(後漢書)》에 '유지자사경성(有志者事竟成)'이라는 말이 있다. '뜻이 있는 자는 반드시 일을 이룬다'는 의미다.

"자신(自信)은 성공의 첫 번째 비결이다"라고 에머슨은 말했다 성공의 월계관은 용감한 자의 머리에 씌워지는 면류관이다. 성공은 승리할 수 있다는 자신감을 가진 사람에게만 주어진다.

인생에 성공한 사람들이 모두 쉽게 그 자리에 도달한 것은 아니다. 실패의 고배를 마시고, 칠전팔기로 재기한 용사들만이 인생의 승리자가 된다. 용기로써 실패에 도전하자.

"인간 최대의 승리는 극기다"라고 철학자 플라톤은 말했다. 자신과 싸워 이긴 사람들이 성공과 승리의 정상에 오른다. 그리스신화의 시시포스와 같은 칠전팔기의 용기를 가지고, 실패를 승리로 이끌어야 한다.

한계(좌절)

김형석

인간의 한계와 거듭남의 변화

나는 6남매의 맏아들로 태어났다. 두 남동생들도 나보다 키가 크고, 여동생들도 나보다는 장대한 편이다. 두 아들들도 나보다는 10센티미터 이상씩 크게 자랐다. 나만 왜소하게 자란 셈이다. 그것이 나에게는 한평생 인간조건의 한 가지 한계가 되어왔다. 어쩔 수 없는 운명이다.

내가 좋아하는 테너 성악가가 있다. 단아한 성대로 수려한 노래를 부르고 가르친다. 그러나 한 번도 오페라의 주인공으로 나서는 것을 본 일이 없다. 얼굴이 지나치게 못생겼기 때문이다. 제자들도 그를 처음 대할 때는 친밀감을 갖기 힘들어했다. 그에게는 그것이 인간조건의 한 제약을 만들고 있다.

예수께서도 "너희 중에 누가 염려함으로 그 키를 한 자라도 더할 수 있느냐"(눅 12:25)라고 말씀한 바 있다. 그런데 생각해보면 인간적 한계는 이런 신체적인 조건만 있는 것이 아니다.

타고난 성격도 그렇다. 성격이 운명인 양 살게 되어 있다는 말이 있다. 주어진 성격이 우리의 일생을 좌우하고 있는 까닭이다. 아무리 이상주의적 사고를 가진 사람도 성격을 뜻대로 좌우하지는 못한다. 소설가들은 그런 인간상을 잘 묘사해주고 있다.

동양 사람들이 즐겨 읽는《삼국지》에는 여러 주인공들이 등장한다. 그들 모두가 주어진 성격을 따라 그 운명이 결정되었다. 셰익스피어의 작품 주인공 중 하나인 햄릿은 우유부단한 성격 때문에 스스로 비운을 초래했다. 오셀로는 용감한 장군이다. 그러나 흑인으로 태어났다. 그를 진정으로 사랑하는 백인 아내에 대한 의처증을 극복하지 못한 그는 마침내 사랑하는 아내를 죽이고 그도 스스로의 종말을 재촉했다. 허영심에 집착했던 맥베스도 그 성격 때문에 파멸을 자초했다.

우리 주변에도 그런 주인공들을 쉽게 볼 수 있다. 거듭 일확천금을 꿈꾸다가 영어(囹圄)의 몸이 되는 이들도 있다. 남에게 지기 싫어

하는 시기와 질투심 때문에 사회생활에서 실패하는 사람들도 적지 않다. 그런 인간적 한계를 어떻게 바라봐야 할까?

살펴보면 그렇게 심하지는 않으나 우리 모두는 또 다른 한계선 안에서 살아가고 있다. 대부분의 사람들은 유소년기에 자아가 형성되고 청년으로 성장하면서 사고방식과 가치관이 굳어져 평생 동안 그 정신적 울타리를 넘어서지 못한다. 지도자들도 그렇다. 그래서 민주주의를 위해서는 지도자가 새 사람으로 탈바꿈하기를 원해서는 안 되고 사람을 바꾸어야 한다고 말한다.

이승만 대통령은 세계 여러 나라를 다녀보았고 미국 프린스턴대학에서 민주주의 정치를 연구한 사람이다. 그러나 그가 대통령으로 있으면서 국사를 이끌어온 과정을 보면 그가 성장한 구한말 시대의 의식구조와 가치관을 극복하지 못했음을 알 수 있다.

박정희 대통령은 일제 때 사범학교 출신이었고, 군인으로 성장했다. 그러나 그 역시 18년 동안 나랏일을 보면서 그 성장기의 성격과 사고방식을 탈피하지는 못했다.

내가 아는 교수 중의 한 사람은 목사의 아들로 자랐고 멀리서는 많은 사람들의 존경을 받고 있었다. 그러나 가까이 지내다 보면 이상한 단점을 발견하게 된다. 교수회의에서 어렵사리 얻어낸 결론을 놓고도 이것은 이래서 안 되고 저것은 저래서 할 필요가 없고 하면서 모든 의견을 부정하곤 한다. 꼭 나무에 올라가 있는 어린아이를 흔들어 떨어뜨리려는 심보 같은 발언을 삼가지 않는다. 언제나 그러기 때문에 그의 성격을 잘 아는 이들은 그의 발언을 귀담아 듣지 않는다. 모두 한목소리로 그가 이상하다고 말한다. '저렇게 점잖은 노인이 왜 저러실까'라는 의아심을 갖는다. 그러나 그의 동년배 친구들은 그 원인을 잘 알고 있다. 어렸을 때 계모 밑에서 자라면서 일그러진 이중적 습성이 결국 성격이 되었던 것이다.

우리는 독선적이며 보수적인 종교와 신앙을 갖고 자란 사람들이 평생 동안 그 사고방식을 버리지 못하는 모습을 종종 목격하게 된다. 이는 이슬람교 신도들에게서도 발견되는가 하면, 역사적으로 국수주의 전통을 이어받은 일본의 지성인들에게서도 나타난다. 그런 사람들이 어떤 집단이나 사회의 지도자가 되면 열린사회나 다양한 문화가 공존하는 세상으로 전진하기 어렵다. 아프가니스탄의 탈레반 정권이 바로 그러한 예다.

우리가 극우나 극좌적 사고방식과 가치관을 갖고 있는 정치인들을 멀리하는 것은 그들의 고정관념이 사회를 경직된 닫힌 구조로 이끌어가기 때문이다. 특히 젊었을 때 공산주의 사상을 신봉했던 사람들은 180년 전 마르크스의 유물사관적인 공식을 지금까지도 이념화하고 있다. 180년 뒤지고 있으면서도 스스로를 진보주의자로 자처하며, 이념이 다른 사람들을 보수와 수구세력으로 배척하곤 한다. 그들의 특색은 편 가르기와 투쟁이다. 그것이 얼마나 반(反)민주적 사고인지 인정하지 않는다.

그렇다면 이러한 인간적 한계를 극복하는 길은 없는가? 운명으로 받아들여야 하는가?

많은 사람들은 지혜가 그 문제를 해결해줄 수 있다고 생각한다. 지혜의 대표적 상징인 철학이 바로 그렇게 탄생되었다. 철학이라는 어원 자체가 지혜에 대한 사랑이다. 지혜의 원천이 되는 것은 이성이다. 이성적 사고와 판단이 우리를 주어진 인간적 한계에서 자유로이 해방시켜줄 것으로 믿어왔다.

《삼국지》의 많은 주인공들을 보면 하나같이 성격적 운명을 벗어나지 못했다. 그러나 합리적인 지혜를 지닌 제갈공명은 그 한계를 어느 정도 넘어선 인물이다. 모두가 제갈공명과 같은 지혜를 갖출 수 있고, 지혜로운 철학자의 가치관을 따를 수 있다면 확실히 세상은 달라질 것이다. 스피노자나 칸트의 이성적 수준이 일반인의 지혜가 된다면 확실히 현대 사회에도 변화가 올 수 있을 것이다.

그러나 그것은 아름다운 이상이다. 우리가 살아 있는 동안은 언제나 꿈이다. 그렇다고 그 이상을 버려서는 안 된다. 이상주의자는 언제나 있어야 한다. 그러나 꿈이 현실이 되기는 어렵다. 역사를 살펴보면 이상주의는 언제나 휴머니즘에 흡수되는 운명을 벗어나지 못했다. 휴머니즘은 이상주의와 현실주의의 두 날개를 갖고 역사의 미래를 찾아가는 책임을 지니고 발전했다.

한 철학자의 지적이 생각난다. "소크라테스! 소크라테스! 그대의 위대함은 그대의 이름을 아무리 반복해서 칭송해도 모자랄 정도다. 그러나 그대와 그리스의 지성은 아는 것과 행하는 것의 차이가 얼마나 큰지 모르고 있다."

우리의 삶은 이성적 사고와 판단만으로는 채워지지 못한다. 로고스(logos, 진리, 이성, 논리)는 사고의 일부이지만 파토스(pathos, 정념, 충동, 정열)와 카오스(chaos, 태초의 무질서한 상태, 혼돈)는 그 몇 배나 되는 인간적 영역을 차지하고 있는 것이다. 인간의 지혜는 소중하다. 그러나 거기에는 한계가 있게 마련이다.

그렇다면 이러한 인간적 한계를 극복할 수 있는 또 다른 방도는 없는가? 종교, 특히 기독교는 어떤 가능성을 제시해주고 있는가?

기독교는 예수의 교훈을 따라 회개와 중생(거듭남)을 요청하고 있다. 회개란 과거의 모든 습관은 물론 가치관과 삶을 버린다는 뜻이다. 과거로부터 자유로워져야 한다. 과거를 버리지도 극복하지도 못하면 새로운 인격과 삶은 이루어지지 못한다. 기독교가 회개를 말하는 것은 자기포기가 아니라 과거를 버리라는 뜻에서다.

그러나 그 일은 어렵다. 과거를 버리면 자아를 버리게 되기 때문이다. 버리기 위해서는 더 참되고 높은 무엇이 주어져야 한다. 그것이 그리스도를 받아들이는 것이다. 그리스도의 가르침이 내 인생관과 가치관이 되면, 내 삶과 인격이 그리스도와 같아지거나 하나가 되면 우리는 과거의 나를 떠나 새로운 나로 다시 태어나게 된다.

삶의 목표가 나의 것이 되지 않고 그리스도의 것이 되며, 생활의 내용과 의미가 과거의 연장이 아닌 창조된 미래가 되는 것이다. 그렇게 되면 우리가 어떤 과거를 살아왔든지 상관 없이 새로운 역사의 주인공이 될 수 있다.

기독교에서는 이런 문제를 어렵게 생각지 않는다. 우리 모두가 신앙생활로 들어올 때, 그와 같은 것을 체험해봤기 때문이다.

얼마 전 일본에 갔을 때, 한 일본인 크리스천 친구가 한 말이 생각난다. "만일 일본의 고이즈미 총리(2001~2006년)가 크리스천이었다면 야스쿠니 신사를 참배하지도 않았을 것이다"라는 이야기였다. 그 친구는 애국적인 견지에서 그런 말을 했던 것이다.

천주교 서점에 가면 지금도《무상을 넘어서》(바오로의 딸 출간)라는 김홍섭 판사의 전기를 사볼 수 있다. 그 내용을 보는 사람들은 한 모범적인 법관이 크리스천이 된 뒤에 어떤 인생의 변화를 겪었고 그의 영향력이 어떠했는지 그 내막을 발견하게 된다.

그런 거듭남의 변화가 기독교가 원하는 인간의 새로운 출발을 가능케 해주는 길이다. 그리고 거듭남은 누구에게나 이루어지는 삶의 변화다.

김태길

3등석(三等席)

'제○○호 법정'이라는 표지가 붙은 방문을 밀고 들어섰을 때 받은 첫인상은 기차 정거장 3등 대합실에 발을 들여놨을 때의 기분에 가까웠다. 마룻바닥은 깨끗이 청소되었고 비품도 그리 남루하지 않음에도 불구하고 그런 인상을 받은 것은 아마 그곳에 모인 '사람들'이 분위기를 지배했기 때문일 것이다.

시간이 되었으나 아직 개정되지 않은 법정에는 괴로움을 즐기기 위해 세상에 태어난 듯한 사람들만이 기다리고 있었다. 누르끄레한 혈색에 표정 없는 얼굴들이 동양화 속의 화상들처럼 조용하다. 변호사를 대기에는 너무나 간고한 사람들. 자기의 권익을 스스로 변호하고자 시간에 늦을세라 부랴부랴 모여든 사람들. 장롱 깊숙이 숨겨두었던 외출복을 손질하여 차려입고 나섰으나 반생에 걸쳐 뼛속까지 사무친 군색이 하루아침에 가시지는 않았다. 젖먹이 어린것을 데리고 온 아낙네도 있다. '여성'을 느끼게 하기에는 너무나 풍파에 시달린 가슴을 사양없이 드러내고 사이참을 먹는다.

그 '3등' 손님들 대열 가운데 나도 끼어 앉았다. 외국에 나가 있는 사이에 내 가옥을 팔아먹은 고명한 법률가만 아니었다면 내가 이곳에 올 필요는 없었을 것이다. 넉넉히 착수금을 치르고 변호사에게 맡길 만한 돈지갑만 있었더라도 이곳에 나타날 필요는 없었을 것이다. 그러나 기왕 왔을 바에야 볼일은 보고 가야 하겠기에 허리띠를 늦추고 앉아서 기다리기로 했다. 동양화 속의 인물처럼 무표정한 얼굴로.

얼마 동안을 묵묵히 기다리고 있노라니 이상한 복장을 한 의젓한 사람들이 하나둘 나타나기 시작했다. 그 이상한 복장이란 활동사진에서 본 법관의 그것이다. 검정 모자에 검정 두루마기. 가슴에는 커다란 무궁화 무늬가 빛난다. 같은 복장의 사람들이 7, 8명 들락날락, 법정 안이 차차 활기를 띤다. 우리 3등석의 손님들과 저 검정옷 차림의 양반들 사이에 무슨 어마어마한 거리가 있다는 느낌에 사로잡히며 조용히 눈을 감는다.

"일동 기립!" 하는 구령 소리에 눈을 떴다. 이번에는 법정 전면 높은 단상 위에 다른 네 사람이 검은 복장으로 나타났다. 앞서 말한 '이상한 복장'과 비슷한 옷차림이다. 그러나 가슴에 수놓은 무궁화의 빛깔이 다르다. 먼저부터 들락날락하던 분들의 무궁화는 붉은빛인데, 지금 새로 나타난 분들의 무궁화는, 세 사람은 금빛이고 한 사람은 푸른빛이다. 그제야 아래층 마룻바닥을 왔다갔다 하는 검정옷은 변호사들이고, 위층 높은 단상에 오른 검정옷은 판사들과 서기라는 짐작이 갔다. 법정 안은 갑자기 엄숙한 분위기가 지배한다. '위에는 위가 있다'는 엄연한 현실을 전신으로 느끼면서 나도 모르게

'차렷' 자세로 긴장하였다.

　재판관을 따라 일동이 착석하며 곧 사무가 진행되기 시작하였다. 변호사를 대리인으로 세운 사건에서는 대리인들이 나가고, 그렇지 못한 경우에는 본인이 나가서 묻는 말에 대답을 한다. 그런데 본인 또는 증인이 호출을 당할 때는 '이××', '김○○' 하고 성명 세 자만 발음되지, 어떠한 종류의 경칭도 붙지 않는 것이 보통이다. '형사 피고도 아닌데 어째 남의 이름을 마구 부를까?' 처음에는 의아한 생각이 없지 않았으나, 결국 그렇게 하는 것이 시간 절약도 될 뿐 아니라 '법정의 위신'을 높이는 데도 효과가 적지 않은 '지당한' 처사라는 것을 곧 터득하게 되었다. 옛날 '원님'이 재판하던 시대 같으면 그 앞에 엎드려 묻는 말에 대답했을 것을 지금은 판사님이 앉으신 단하(壇下)에 뻣뻣이 선 채로 말을 하게 되었으니 '민주주의'의 바다 같은 은혜 덕분이라 하겠다.

　이 법정 안의 '관리'로서 소개를 받아야 할 분이 또 한 사람 계시다. 그는 먼저 "일동 기립!"의 구령을 부른 바로 그분이다. 대학교의 수위들이 입는 옷과 비슷한 복장을 한 이분은 때때로 3등석에 나타나서, "얘기는 밖에 나가 하시오!", "똑바로 앉으시오!" 따위의 주위를 주는 것을 주요한 직분으로 삼고 있는 모양이다. 이분의 감시가 무서워서 3등 손님들은 두 시간 내지 세 시간 동안, 단체 사진을 찍는 초등학생들처럼 얌전하게 앉아 있어야 한다. 그러나 이 '감시원'의 감독권은 변호사들, 즉 '대리인'들에게까지는 미치지 않는다. 변호사들은 '2등석'에 따로 자리를 차지하고 있는데, 그들은 서로 지껄이고 한쪽 무릎 위에 또 한쪽 다리를 올려놓고 있어도 말리는 사람이 없다. 어째서 이런 차별 대우가 생겼을까? 다른 경우에는 '대리'보다 '본인'이 좀 더 대우를 받는 것이 보통인데 어째 여기서는 그 반대의 현상이 상식화된 것일까? '은행 지점장 대리', '대리 대사', '문교부 장관 대리'. 아마 그래서 법과대학 지망자가 해마다 늘어가는 것일지도 모른다.

차례로 사건들이 다루어졌으나, 내 이름은 부르지 않는다. 지시대로 열 시에 나왔는데 지금은 벌써 열두 시 반. 변호사들도 거의 다 사라지고 3등석의 손님들도 많이 줄었다. 초조한 마음으로 기다릴 때 '감시원'이 옆을 지나기에 "저…" 하고 그에게 조심조심 소환장을 보였다.

"저 이것 때문에 왔는데, 몇 시쯤 이 사건이 다루어질는지요?"

"좀 더 기다리시오!"

그는 엄숙하고 간단하게 대답하였다. 언제 이름이 불릴지 모르는 까닭에 화장실도 못 가고 앉아 있는 나에게 그 이상 말할 여가를 주지 않고 그는 저리로 가버렸다.

얼마 동안 더 기다렸다. 그때 "김태길!" 하는 발음이 재판장의 입을 통하여 들려왔다. 이에 응하여 "예" 하고 앞으로 나서는 나 자신의 모습과 심리에는 '우등상'을 받으러 교장 앞으로 나가는 초등학교 어린이를 연상시키는 가련함이 있었다. 판사들 앞에서 가볍게 경례하고 두 손을 앞으로 모을 뻔했을 때, 다시 질문이 들렸다.

"당신이 바로 김태길이오?"

"예, 그렇습니다."

"당신 사건은 상대편에서 연기 신청을 했습니다. 5월 28일에 다시 나오시오."

"그러나 열 시부터 나와 지금까지 기다렸는데요."

"그래도 오늘은 그대로 돌아가시고 다음에 다시 나오시오."

나는 더 말하지 않고 돌아섰다. 그러나 이번에는 경례는 하지 않았다. 그것은 아마 내가 표시할 수 있었던 최대의 반항이었을지도 모른다. 법원 문을 나서면서, '기일 연기'의 통고를 받기 위해서, 오직 그것만을 위해서 세 시간을 기다려야 했던 3등 손님은 쓰거운('쓴'의 함경도 방언) 웃음을 입가에 띠었다. "빵빵!" 관용 지프차가 길을 비키라고 호통을 친다.

인생의 십자가를 견뎌내는 힘

"사람은 저마다 자기의 십자가를 지고 인생을 살아간다." 문호 톨스토이의 명언이다.

십자가가 없는 인생은 없다. 누구에게나 시련과 고난의 무거운 십자가가 있다.

"저 사람은 팔자가 좋아 아무 근심 걱정이 없으니 참으로 행복한 사람이다." 겉으로 보기에는 그런 것 같지만 자세히 살펴보면, 누구나 몇 가지의 어려운 십자가를 지고 있다.

자식이 없거나 애정의 결여 때문에 고민하는 부부, 고부간의 갈등 때문에 번민하는 여성, 배우자의 부정으로 괴로워하는 남녀, 자식 때문에 밤낮 속을 썩어야 하는 부모, 이혼과 사별의 슬픔 속에서 몸부림치는 여인, 몸이 약하거나 지병 때문에 인생을 비관하는 사람, 사업의 실패나 시험의 낙방으로 인생을 저주하는 사람, 생의 보람과 의미를 잃고 허무주의와 좌절감에 빠진 사람, 죄의식 때문에 항상 괴로워하는 사람, 매사에 자신감을 잃고 환경에 적응하지 못해 안타까워하는 사람, 가난과 불운과 패배 속에서 비틀거리는 사람, 실연에 우는 사람, 열등감의 포로가 된 사람…. 인간의 고민은 천태만상(千態萬象)이요, 백인백색(百人百色)이다.

여의(如意)보다 불여의(不如意)가 더 많은 것이 인생이다. 뜻대로 되는 기쁨보다 뜻대로 되지 않는 안타까움이 더 많은 것이 우리의 현실이다.

"행복은 여의에 있다"고 철학자 칸트는 말했다. 모든 것이 나의 뜻대로 되는 것이 곧 행복이다.

용은 입에 여의주(如意珠)를 물고 있다. 여의주를 가지면 인생의 만사가 뜻대로 된다. 그러나 세상에 여의주는 없다. 인생에는 시련의 언덕이 있고, 고난의 바다가 있고, 슬픔의 절벽이 있고, 번민의 골짜기가 있고, 방황의 비탈길이 있고, 절망의 폭풍이 있고, 불안의 안개가 있다.

산다는 것은 시련을 극복하는 것이요, 고난과 싸우는 것이요, 역경을 이겨내는 것이요, 운명에 도전하는 것이다. 그러기 위해서는 극기의 힘이 있어야 하고, 인내의 덕이 필요하고, 어려움을 견뎌내는 지구력을 지녀야 한다. 온실에서 자라는 화초는 생명력이 약하지만, 벌판에서 비바람을 맞으며 자라는 화초는 생명력이 강하다.

무쇠가 강철이 되려면 뜨거운 용광로에 들어가야 한다. 잔잔한 바다에서는 절대로 훌륭한 뱃사공이 나오지 않는다. 뛰어난 명장이 되려면 포탄연우(砲彈煙雨)의 전쟁터에서 천신만고의 싸움을 여러 번 치러야 한다. 인생은 항상 훈훈한 봄바람만 부는 탄탄대로의 즐거운 여행길이 아니다. 남과 싸우고 자기 자신을 이겨야 하는 어려운 고행의 길이요, 험준한 난행(難行)의 길이다.

우리는 인생을 안이하게 살려는 생각을 버려야 한다. 승리와 성공과 행복과 영광은 결코 쉽게 얻어지는 것이 아니다.

경기도 양평의 용문사 입구에 가면 천년 묵은 은행나무가 우람하게 서 있다. 마의태자(麻衣太子)가 금강산에 도를 닦으러 들어갈 때 심은 나무라고 한다. 천년 동안 비바람과 눈서리를 꿋꿋이 이겨낸 정정한 이 거목 앞에 서면 저절로 감탄과 찬미의 소리를 지르게 된다. 웅장의 극치요, 인고의 화신이요, 생명의 상징이요, 위용의 본보기다.

우리는 이 나무의 덕을 배워야 한다.

우리는 인생이라는 수련도장에서 백련천마(百鍊千摩)의 훈련을 쌓고, 유유자적하는 호연지기를 기르고, 사내대장부의 늠름한 기상을 터득해야 한다.

박지약행(薄志弱行)의 나약한 인간은 인생의 어려운 십자가를 견뎌내지 못한다. 심신이 강건한 사람만이 승리의 용사가 될 수 있다.

인생의 어려운 싸움터에서 네 정신을 강화하여라. 사회의 뜨거운 용광로 속에서 네 인격을 연마하여라. 세파의 사나운 비바람 속에서 네 힘을 길러라. 그런 사람만이 능히 인생의 달인이 될 수 있다.

생명(죽음)

김형석

자살에 이르는 병

막스 셸러(Max Scheler)는 독일의 철학자다. 그는 인간학의 창설자인 동시에 권위자이며 윤리학에서도 뛰어난 업적을 남긴 사람이다. 셸러는 우리가 소유한 가장 귀한 특권 중 하나는 '나인(nein)', 즉 '아니오'라고 부정할 수 있는 권리라고 했다. 인간만이 그런 권리를 가진 존재다. 다른 동물은 전혀 '아니오'라 할 수 없지만 인간만은 자신의 가치와 생존을 부정할 수 있으며 심지어 자기부정인 자살까지도 가능하다는 것이다.

이렇게 본다면 자살은 인간의 특권이며 정신적인 자살은 높은 이성의 발로라고 볼 수 있을지도 모른다. 우리는 신문 사회면에서 자살 보도를 수없이 접하고 있지만 누구네 말이 생을 비관하여 자살을 했다든지 동물원의 원숭이가 자살했다는 기사를 본 일은 없다. 자살이란 자기비판과 스스로에 관한 자각이 없이는 불가능하기 때문이다. 그러니까 동물에게는 염세주의도 없으며 허무감에 사로잡히는 일도 있을 수 없다. 그런 측면에서 말의 생이 슬프다든지 소의 삶이 허무하다는 논리는 성립하지 않는다. 원숭이가 진화하여 인간이 될 경우에도 자살할 수 있을 때에만 진정한 인간이 될 수 있을 것이다.

한편 자살의 결과는 다 같으나 그 원인은 전부 다르다. 한 사람도 똑같은 조건과 똑같은 원인으로 자살한 경우는 없을 것이다. 또 어떻게 생각하면, 살기 싫은 사람이나 살아봤자 죽음만 못한 생명임을 자각했을 때 죽는 길이 열려 있다는 사실은 그 자체가 하나의 축복일는지 모른다. 죽을 수도 없다면 그렇게 불행한 사실이 또 어디 있을까?

그리고 다시 생각해보면, 자살이란 용기와 결단을 동반하는 처사이기 때문에 누구나 할 수 있는 일은 못 되는 것 같다. 세상에 제일 어려운 일이 있다면 겁쟁이가 자살하는 일일 것이다.

쇼펜하우어의 사상을 받아들인 어떤 이들은 자살을 했지만, 쇼펜

하우어 자신은 어머니가 자기를 해칠까 싶어 머리맡에 무기를 놓고야 잤다고 한다. 또 항상 다니던 잉글랜드라는 식당 이외에서 식사를 할 때는 데리고 다니는 개에게 음식물의 일부를 먼저 먹여본 뒤에야 식사를 했다는 이야기도 전해진다. 그는 병적인 의심증을 가지고 있었을지도 모른다. 그러니까 그런 사람이 자살을 한다는 것은 용이한 일이 아니다.

그러나 자살의 동기를 살펴보면 두 가지 중요한 조건들이 있다.

첫째, 육체적인 고통으로부터 해방되기 위하여 죽음을 택하는 일이다. 나을 수 없는 병으로 더 큰 고통을 받기보다는 차라리 죽음을 택한다든지, 앞으로 찾아올 극심한 육체적 고문이 두려워 자살을 하는 경우다. 때로는 중병에 걸린 사람이 죽음을 청하는 일은 짐작이 간다. 있음직한 일이다. 이런 고통으로부터의 해방은 육체적인 것에 국한되지 않는다.

둘째, 정신적 고통으로부터의 해방도 얼마든지 요청될 수 있다. 죽은 남편을 사모하여 자살을 했다든지 자식의 죽음을 뒤따르는 어머니도 있다. 실연한 뒤의 자살은 대개가 이러한 유형에 속한다. 그것은 죽은 사람을 위한 죽음도 아니며, 어떤 사람을 위한 충성도 아니다. 사랑하는 대상이 사라진 것으로 인한 정신적 고독과 마음의 고통을 견딜 수 없어 택하는 최후의 길이다.

최근 북유럽 덴마크에서 자살하는 사람의 수가 점점 늘어가고 있다는 보도를 접했다. 어떤 전문가의 관찰에 의하면 그 절대다수가 고독으로부터 오는 자살이라고 한다. 노년기에 접어든 미망인이나 홀아비, 의지하거나 사랑할 대상을 잃은 많은 사람들이 자살의 길을 택한다는 것이다. 덴마크처럼 정신적인 여유나 복지제도가 잘 되어 있는 나라에서 자살률이 높은 것을 보면, 육체적 조건보다는 정신적 조건이 더 중요한 이유가 되는 것 같기도 하다.

그러한 사례 하나를 우리 사회에서도 발견할 수 있다. 한국전쟁 당시 공산군의 추격이 바로 발뒤꿈치까지 미쳤을 때는 악착같이 남쪽으로 피난을 갔었다. 그때는 누구도 자살하는 일이 없었다. 그런데 휴전이 되고 사회적 안정과 정신적 여유가 생기자 자살률이 점점 늘어가고 있다.

무엇 때문일까? 역시 자살의 원인이 육체보다 정신에 있으며 인간의 삶에서 정신이 차지하는 비중이 큰 까닭이다. 인간이란 육체적 고통보다는 정신적인 공허와 절망에 빠져 희망의 가능성을 잃어버릴 때 죽음을 택하게 되는 것이다.

그렇기 때문에 회의, 절망, 허무를 느낀다는 사실은 벌써 우리 자신이 정신적으로는 죽음에 직면해가고 있음을 뜻하는 것이다. 완전한 절망이나 돌이킬 수 없는 허무는 그 자체가 이미 정신적 죽음이 아닐까. 오히려 그런 사람에게는 육체적인 고통이나 어려움은 문제가 되지 않을지 모른다.

우스운 얘기가 있다.

어떤 사람이 자살을 하려고 모든 계획을 세운 뒤 집을 나섰다. 바닻가를 걷고 있는데 바람이 차고 눈보라가 휘몰아쳤다. 그는 이런 추위에는 감기가 들 것 같다며 도로 집으로 돌아가 목도리를 한 뒤에야 다시 와서 자살을 했다고 한다.

또 이런 이야기도 있다.

어느 청년이 심한 회의와 허무에 사로잡혀 자살을 결심했다. 6층 빌딩에서 뛰어내려 얼마쯤 떨어지다 보니 3층 방에서 두 젊은 남녀가 사랑을 속삭이고 있었다. 그는 "재미있게 놀다 오시오. 나는 먼저 갑니다"라고 인사를 했다는 것이다.

둘 다 있을 수 없는, 그러나 어떤 뜻을 내포하고 있는 얘기다. 우리가 정신적인 허무와 절망에 빠지면 우리의 정신은 육체를 돌볼 필요가 없는 듯이 이미 자살 상태에 머무르게 된다는 뜻이다. 그들이야말로 움직이는 송장들이다.

그렇다면 긍정적인 인생관을 가지지 못한 모든 사람은 정신적으로 이미 죽어 있든지, 그렇지 않으면 죽음에 이르는 병에 걸려 있는 것이 아닐까. 그때가 언제 오느냐가 문제지 정신적인 죽음의 그림자는 이미 마음에 드리워져 있다.

자살로 유명한 일본 사회에 한때 큰 물의를 일으킨 사건이 있었다. 아쿠타가와 류노스케(芥川龍之介)라는 유명한 작가가 다량의 수면제를 먹고 자살한 것이다. 그의 작품을 애독하는 많은 청년들이 자주 자살을 했기 때문에 한때는 그의 작품에 관한 판권취소까지도 논의되었다고 한다.

어느 날 이 작가는 뜻밖의 손님을 맞았다. 그리 젊지도 않은 부인이 찾아와서 "선생님 작품의 애독자입니다. 바라건대 선생님께서 언제든 자살을 하시려거든 저와 같이 해주십시오"라고 말하면서 청산가리 한 병을 주고 갔다는 것이다.

그러나 이 작가는 혼자서 죽기로 작정했다. 남의 생명에 책임을 지고 싶지 않았기 때문이다.

마지막으로 가까운 벗에게 보낸 글 속에서 그는 "죽는다는 사실은 이미 결정적입니다. 오직 그 방법이 무엇인가 하는 것뿐입니다. 기차에 치여 죽는 일은 고통을 감할 수는 있으나 흩어진 시체를 남긴다는 일이 그리 좋게 생각되지 않습니다. 목을 매고 죽는 일도 생각해보았으나 가족들이 발견하고 놀라는 모습이 꺼려집니다. 생각한 나머지…"라는 의미의 유서를 남겼다.

나는 이 재기발랄한 작가가 얼마나 큰 정신적인 공허와 허무감을 겪었으면 자신의 생명을 끊었을까, 약간 짐작이 간다. 그리고 그의 작품을 읽은 사람들은 누구나 어렵지 않게 그와 같은 인생의 허무감에 어느 정도 공명하게 된다.

그러나 그와 반대로 육체적으로는 어려운 조건과 고통스러운 처지에 있을지라도 정신적인 희망과 마음의 신념을 든든히 하고 절대로 자살을 생각지도 않으며, 심지어는 육체의 종말이 찾아들 때까지 삶의 의욕과 정신적인 희망을 잃지 않는 사람도 있다.

소크라테스나 그리스도 등 위대한 스승만 생각할 필요는 없다.

생명(죽음)

나는 지난 달 병원에 누워 있는 친구를 방문한 일이 있었다. 그는 자기가 불치의 병을 앓고 있음을 알고 있었다. 의사도 이미 숨길 필요가 없었던 모양이다.

내가 그의 침대로 다가갔을 때 그는 여전히 웃고 있었다. 그리고 이러한 말을 남겼다.

"선생님, 아무래도 의사들은 수술을 해야 한다고 하지만 그만두기로 했습니다. 이 침대에서 그대로 하늘나라에 가는 것이 좋겠다고 생각됩니다. 하나님께서 데려가시기로 작정하셨는데 내가 다른 생각을 가져서야 되겠어요? 점점 심해지는 고통을 참는 것만이 남은 문제입니다. 마취약의 기운이 사라지면 너무 심하게 아파서 아무 생각도 할 수가 없어지는군요. 곧 주께서 찾아주실 것 같아요."

그 친구야말로 하나님께 '내 영혼을 부탁하나이다'라는, 의식이 머무르는 최후의 말을 남긴 것 같다.

이렇게 본다면 자살은 마음의 문제다. 정신상태의 병이다. 많은 인간들이 지니고 있는, 또 누구라도 걸릴 가능성이 있는 허무와 절망이라는 죽음에의 병을 고치지 못하는 한 자살은 언제라도 인간 사회의 비참한 기록으로 남을 것이다. 그러면 이 죽음의 병을 고쳐줄 수 있는 의사가 누군가? 철학자, 시인, 사상가, 과학자는 물론 아니다.

우리는 그분을 한마디로 영원자라고 부른다. 생명의 원천이며 허무와 절망과 사망으로부터의 승리를 보장하는 영원자다. 이 영원자가 모든 인간의 죽음과 자살에의 병을 고쳐주고자 기다리는데, 불신과 독선 그리고 인간적인 고집 때문에 영원자에게 마음을 돌리지 않는다면 그 책임은 바로 스스로에게 있을 수밖에 없다. 그리고 만일 그 영원자가 사랑하는 우리 아버지가 되는 분이라면 그 사랑을 거부하는 자살자는 인간이 저지를 수 있는 최대의 죄악을 범하는 셈이 될 것이다.

김태길

영결식 구경

택지로 조성된 빈터에 천막 한 채가 서 있고, 그 앞에는 어떤 연예인의 영결식장임을 알리는 현수막이 걸려 있다. 영화배우 한 사람이 세상을 떠났다는 기사가 실렸던 엊그제 석간이 생각난다. 사람들은 아직 모이지 않았다.

그 천막이 내려다보이는 위치에 집터 하나를 장만하고 건축에 착수한 지 열흘 정도 되었을까? 집주인이 지켜본다 하여 일에 무슨 보탬이 되는 것은 아니지만, 공사 진행과정이 한 걸음 한 걸음 진척되는 것을 바라보면 지루한 줄을 모른다. 그래서 매일 적어도 한 번씩은 공사현장을 돌아보는 것이 요즘의 일과처럼 되었고, 오늘도 그리로 가는 길에 슬픈 천막을 발견한 것이다.

하나둘 사람들이 나타나기 시작한다. 오늘의 영결식을 준비한 담당자들일까? 곧이어 삼삼오오 조객들이 모여든다. 회삼물(灰三物, 석회, 황토, 모래를 섞어 반죽한 것)에 열중하던 일꾼들이 잠시 일손을 멈추고 내려다본다.

"야! 그 자식 허우대 한번 멋지다."

액션 스타로 알려진 어떤 배우의 이름을 부르며 한 친구가 감탄

116

을 한다. 먼 빛으로 보기에도 훤칠하게 잘생긴 모습들이 여기저기 눈에 띈다. 여자 손님들도 가끔 보이나 수는 많지 않다.

무슨 큰 구경거리라도 생긴 것 같은 느낌으로 한 걸음 한 걸음 천막 가까운 곳을 향해 내려갔다. 영결식장 건너편 빈터에는 벌써 10여 명의 구경꾼들이 모여 있었다. 나도 잠바 차림의 나 자신을 그들 틈에 끼우고 길 건너 인간 가족의 행사를 참관하기로 하였다. 정말 아주 한가로운 사람처럼.

식은 아직 시작되지 않은 모양이다. 사람들은 악수를 나누면서 반가운 표정을 짓기도 하고, 무슨 이야기를 주고받곤 밝게 웃기도 한다. 개중에는 침통한 표정으로 깊은 생각에 잠기는 듯한 모습도 보인다. 이런 사람들은 대개 나이가 많은 사람들이다.

이제 막 도착한 것으로 보이는 소복 차림의 한 여인이 땅바닥에서 뒹굴며 통곡을 한다. 고인의 미망인인가 보다. 거기에 모인 사람들의 슬픔을 모두 합쳐도 이 여인 한 사람의 슬픔을 못 당할 것만 같다. 남자 두 사람이 통곡하는 여자를 부축하며 진정하라고 달랜다. 접수를 보는 테이블 주변에서는 부의금을 주고받는 사무 절차가 정중하게 진행되고 있다.

만약 죽은 사람도 슬픔을 느낄 수 있다면 죽음이 가장 슬픈 것은 역시 그 당사자일 것이라는 생각이 든다. 죽은 사람의 슬픔을 중심점으로 삼고 그 사람과의 원근 관계를 따라서 슬픔의 파문이 번져 갈 것이다. 던져진 돌이 고인 물 위에 일으키는 파문이 그렇듯이, 슬픔의 파문도 중심에서 멀어질수록 약해져서 마침내는 아주 없어지리라.

지금부터 50년만 지나면, 저 영결식에 모인 사람들도 대부분 세상을 떠날 것이다. 저렇게 혈기가 왕성하고 밝은 표정으로 지껄이는 사람들도 아마 그렇게 될 것이다. 그러니까 슬픔의 파문의 중심이 될 운명을 안은 존재가 사람의 머릿수만큼 많다는 계산이 나온다. 아마 그래서 죽음은 슬퍼할 것이 아니라는 철학이 필요했는지도 모른다.

죽음의 당사자가 있고, 그의 유가족이 있고, 영결식에 참석한 조객들이 있으며, 그들을 멀리서 바라보는 구경꾼이 있다. 그러나 이러한 관계는 결코 고정적인 것은 아니다. 누구나 한 번은 당사자가 되고 또 몇 번은 유가족의 자리에 서야 한다.

죽음은 어떤 사람에게도 남의 일이 아니지만, 지금은 마치 남의 일처럼 바라보고 있다. 하기야 그 숱한 죽음을 모두 내 일처럼 느껴야 한다면 얼굴에 눈물 마를 날이 없을 것이다. 그러나 남의 슬픔을 슬퍼하고 남의 기쁨을 기뻐하는 동정심이 좀 더 강했던들, 세계의 역사는 이토록 어두운 방향으로 흘러가지는 않았을 것이다.

사람의 욕심은 남보다 오래 살고 싶은 것이다. 너무 오래 살면 도리어 욕이 된다고 입으로는 말하지만 속마음은 오래 살기를 원한다. 그러나 가족과 친지가 모두 떠난 뒤에 혼자서만 오래오래 살아남는 것은 상상만 해도 아찔하다. 아내를 죽인 끔찍한 죄를 저지른

〈판도라〉의 주인공에게 신이 내린 형벌은, "너는 영원히 죽지 못할지어다!"였다.

고래로 인간의 오복(五福) 가운데서 가장 으뜸가는 것은 장수라고 하였다. 아마 깊은 본능에 근원을 둔 통념일 것이다. 평화롭고 즐거운 세상이라면 오래 살수록 행복한 것임에 틀림이 없다. '설마 내일은 좀 나아지겠지' 하는 낙관적인 인간성이 장수의 욕망과 깊이 연결되어 있을지도 모른다.

영결식이 시작되는 모양이다. 식장의 분위기는 곧 엄숙하게 바뀌어 간다. 그러나 식이 끝나는 순간, 사람들의 마음은 다시 소박한 상태로 돌아갈 것이다. 본래 구경거리가 아닌 것을 구경하는 나 자신의 얄팍한 마음씨를 뉘우치면서 집 짓는 일터로 발길을 옮긴다.

4월 하순, 늦은 봄의 하늘이 끝없이 맑고 화창하다. 관악산의 신록이 갖가지 푸른 색깔을 자랑하며 싱그럽다. 인간사에 비교할 때, 대자연은 더없이 아름답고 유구하다.

안병욱

생명은 일명·천명·사명이다

세상에 생명을 둘 가진 사람은 아무도 없다. 천상 천하에 가장 소중한 것은 사람의 생명이다. 온 천하를 다 주어도 내 생명과 바꿀 수는 없다. 그러므로 석가는 외쳤다.

'천상천하유아독존(天上天下唯我獨尊)!' 천지 만물 중에서 나의 생명이 가장 존귀하다. 그러므로 옛 사람은 유인최귀(唯人最貴)라고 하였다.

인간 자각(自覺)의 제1조는 나의 생명의 소중함과 존귀함을 먼저 깨닫는 것이다. 내 생명의 소중함을 깨닫는 자는 자중자애(自重自愛)하고 자경자성(自敬自省)한다. 나의 생명의 존귀함을 깨닫지 못하는 자는 자포자기(自暴自棄)하고 자학자모(自虐自侮)한다. 인간 교육의 첫째는 자기 생명의 소중함을 자각하는 것이다.

나의 생명만이 소중한 것은 아니다. 남의 생명도 똑같이 소중하다. 그러므로 우리의 위대한 선각자 도산은 우리에게 '애기애타(愛己愛他)'의 네 글자를 강조했다. '내 생명을 사랑하는 동시에 남의 생명을 사랑하여라.'

《논어(論語)》 10권 20편 500개 문장의 제일 마지막은 생명의 소중함을 역설하는 것으로 끝난다.

'부지명무이위군자야(不知命無以爲君子也)'(「요왈편堯曰篇」). 인간 생명의 고귀함을 깨닫지 못하는 사람은 군자가 될 수 없다는 뜻이다. 군자는 유교의 이상적 인간상이다. 학문과 덕행, 지성과 인격을 겸비한 사람을 군자라고 한다. 어떻게 하면 인간은 최고의 인격인 군자가 될 수 있는가.

유교는 한마디로 말하면 군자학(君子學)이다. 어떻게 하면 사람다운 사람이 될 수 있는가, 건전한 인격체가 되려면 어떤 지혜와 덕성을 갖추어야 하는가에 대한 지혜를 우리에게 명쾌하게 가르쳐주는 것이 《논어》와 유교다. 인간 교육, 덕성 교육을 망각한 현대의 불구적 기형 교육을 바로잡으려면 인간 교육의 바이블인 《논어》를 배워야 한다. 온고지신(溫故知新), 옛 것을 배워 새로운 지혜를 터득해야 한다.

우리의 목숨은 어떤 목숨인가. 우리는 생명에 관하여 다음 세 가지 원리를 깨달아야 한다.

첫째, 생명은 일명(一命)이다.

천하의 모든 사람이 오직 하나밖에 없는 생명을 가지고 살아간다. 만일 인간이 열 개나 스무 개의 생명을 갖는다면 인간의 생명은 그렇게 소중하지도 않고 그렇게 존귀하지도 않을 것이다. 영원 속에 오직 한 번 주어진 목숨이기 때문에 사람의 생명이 한량없이 소중하다. 이 세상에서 가장 기쁜 날이 언제인가. 내 생명이 세상에 태어난 날이다. 이 세상에서 가장 슬픈 날이 언제인가. 내 생명이 사망하는 날이다. 이 세상에서 가장 중요한 일이 무엇인가. 내가 내 생명을 완성하는 일이다.

나는 부모의 유체(遺體)다. 내 생명은 부모가 나에게 물려주신 것이다. 나의 몸속에는 아버지의 영이 깃들어 있다. 나의 뼛속에는 어머니의 혼이 숨쉬고 있다. 나의 핏속에는 조상의 얼이 흐르고 있고, 나의 생명 속에는 민족의 숨결이 간직되어 있다. 나의 몸은 나 개인의 몸인 동시에 부모의 몸이요, 조상의 생명이요, 민족 공동체의 분신이요, 역사의 소중한 일부다. 우리는 이런 생명관을 가지고 살아야 한다.

둘째, 생명은 천명(天命)이다.

인명재천(人命在天)이라고 하였다. 나의 생명은 하나님이 나에게 부여한 사랑의 은총이요, 커다란 축복이다. 하늘은 나에게 시원한 바람을 주고, 태양은 밝은 빛을 주고, 땅은 풍성한 오곡백과를 주고, 강은 맑은 물을 주고, 산은 푸른 숲을 주고, 꽃은 형형색색의 아름다움을 주고, 별은 찬란한 꿈을 주고, 초원은 시원한 향기를 준다. 우리는 천지자연이 베푸는 풍성한 양식을 먹고 오늘의 내가 되었다. 우리는 하늘과 땅의 은혜와 도움으로 살아간다. 우리는 하늘을 우러러보고 땅에 감사해야 한다. 이것이 사람의 도리다.

동양의 선인들은 무엇이라고 말하였던가. 순천자(順天者)는 흥하고 역천자(逆天者)는 망한다고 하였다. 하늘에 순응하는 자는 번영하고 하늘에 거역하는 자는 패망한다는 뜻이다.

천(天)이란 무엇인가. 올바른 순리요, 정당한 질서요, 우리가 지켜야 할 원칙이요, 명명백백한 도리다. 천조자조자(天助自助者)라고 고인(古人)은 갈파하였다. 하늘은 스스로 돕는 자를 돕는다는 말이다. 스스로 도울 때 하늘이 우리를 도와준다. 경천(敬天)사상은 동양인의 정신적 지주다. 우리는 하늘을 우러러 부끄럽지 않은 마음을 가지고 정정당당하게 인생을 살아야 한다.

끝으로 생명은 사명(使命)이다.

사명이란 심부름 받은 생명이란 말이다. 우리는 왜 이 세상에 태어났는가. 하늘의 심부름을 받고 태어났다. 인간은 사명적 존재다. 인간은 자기의 사명을 자각하고 자기의 사명을 완수해야 한다. 이러한 인생관을 사명적 인생관이라고 일컫는다. 공자는 나이 50에 지천명(知天命)하였다고 스스로 술회했다. 나이 50이 되어 자기가 해야 할 사명이 무엇인지를 깨달았다. 공자는 부패의 난세를 바로잡아 인(仁)과 예(禮)의 질서가 바로 선 정의 사회를 건설하는 것이 자신의 사명이라고 생각하고 주유천하(周遊天下)하면서 구국의 길에 나섰다.

스위스의 위대한 사상가 칼 힐티는 이렇게 말했다. "인간 생애의 최고의 날은 자기의 사명을 자각하는 날이다." 자신의 사명을 자각하라. 이것처럼 인생에서 중요한 일은 없다.

인간은 자기의 사명을 발견할 때, 인격과 생활에 큰 변화가 일어난다. 부지런해지고 성실해지고 진지해지고 용감해진다. 이 세상에 아무리 중요한 것이 많다고 해도 자기의 사명을 자각하는 것처럼 중요한 것은 없다. 나의 생명이 나의 사명을 자각할 때 내 존재의 혁명이 일어나고 내 행동에 대혁신이 생긴다.

세상에 생명과 사명의 만남처럼 중요한 만남이 없다. 내 생명은 천하에 하나밖에 없는 생명이요, 하늘이 주신 고귀한 생명이요, 하늘의 심부름을 받고 태어난 생명이다. 우리는 이러한 자각을 가지고 살아야 한다.

3부

지혜의
열매들

애국

김형석

스코필드 박사를 생각하며

1970년 3월의 어느 날, 프랭크 스코필드(한국 이름은 석호필. 영국 태생의 캐나다 의학자이자 선교사로 1916년 세브란스의학전문학교 교수로 내한한 후, 3·1 운동 때 일제의 포악상을 외국에 알렸으며 1970년 한국에서 여생을 마쳤다) 박사를 돕고 있던 T양으로부터 전화를 받았다. 병세가 악화되어서인지 친지들을 무척 보고 싶어하시니 시간 있으면 때때로 들러주면 좋겠다는 내용이었다.

전화를 받은 다음 날 오전, 나는 아내와 같이 메디컬 센터의 병실을 찾았다. 몹시 야위기는 했으나 평화로운 안색과 또렷한 목소리에는 별로 변화가 없었다.

T양이 스코필드 박사의 등과 머리를 약간 높여드렸다. 열은 없는 듯했으나 손은 퍽 따사로웠다. 밖에서 들어온 내 손이 찼을지도 모른다.

"속히 좋아지셔야겠습니다. 많은 친구들이 회복을 기원하고 있습니다"라고 말했더니, "김 교수도 그렇게 생각하세요? 아니지요. 나는 이 침대에서 하나님의 부르심을 받을 것입니다. 지난번 캐나다를 떠나올 때부터 가졌던 생각입니다. 오직 한 가지 소원이 있다면, 부활절을 맞으면서 주님께로 갔으면 좋겠어요. 김 교수, 하나님의 부르심을 받는 데는 아무 미련도 없는데, 죽기 전에 또 하늘나라에 가서도 꼭 한 가지 걱정만은 남아 있을 텐데 이를 어떻게 하지요?"

"무엇인데요?"

"한국의 부정부패 말입니다. 그리고 그 평계의 병 말입니다. 하나님께서는 나에게 한국의 부정부패를 보아야 하는 고통스러운 짐을 주셨나 봐요."

위트와 조크를 즐기는 스코필드 박사의 얘기다. 그러나 그의 농담 뒤에는 수십 년간 쌓였던 괴로운 심정이 그대로 숨겨져 있었다.

"박사님, 마음 놓으십시오. 저희들이 노력하겠습니다. 또한 사회가 그렇게 쉬 변할 수 있겠습니까. 오랜 세월이 걸리겠지요"라고 위로할 수밖에….

"김 교수나 몇 분들의 뜻은 잘 압니다. 그러나 문제는 정치가, 국회의원, 그 밖의 지도자들이지요. 내가 보기에는 여전한 것 같아요. 나는 '죽은 뒤에라도 한국에 부정부패가 없어졌다는 소식만 들으면 편할 수 있겠는데'라고 웃으면서 얘기합니다. 한국이 죽느냐 사느냐 하는 문제가 여기에 달렸다고 봅니다."

그렇게 말하는 그의 얼굴은 몹시 쓸쓸한 표정이었다.

"그래도 지난번에 들렀을 때보다는 퍽 기분이 좋아지신 것 같습니다. 식사도 많이 하신 것 같고…."

"고맙습니다. 어젯밤에는 약 없이 잘 수 있었어요. 여러분의 기도로 고생이 줄어들었는지 모르지요. 그러나 내 척추는 여러 곳이 상했을 것입니다. 식사도 이렇게 등을 기대고 해야 합니다. 아마 내 힘으로 다시 일어설 수는 없을 거예요, 이 세상에서는…. 지난번에 오셨을 때 옛날처럼 마지막 식사라도 같이 했으면 하는 생각을 했지요. 그러나 내 모습이 초라해져서 내가 단념했어요. 아마 서울대학교 집에서 같이 식사한 것이 마지막이었지요?"

"그렇게 되었나 봅니다."

"섭섭히 생각지 마세요. 하늘나라에서는 항상 같이 식사할 테니…. 건강한 어린애들처럼…."

이렇게 말하는 스코필드 박사는 어린애같이 웃고 있었다.

나는 지난번에 왔을 때 얘기를 되씹어보았다.

"이번에 한국으로 올 때는 마지막 길인 줄 알았어요. 그래서 캐나다와 미국에 있는 가족과 친구들에게는 작별인사를 다 나누었지요. 사랑하는 벗들이 있는 곳, 내가 가장 사랑하는 땅에 머무르고 싶었어요. 한국이 좋은 나라가 되면 내 소원대로 되는 것이 아니겠어요? 50여 년 전에도 똑같은 생각을 가지고 한국으로 왔었으니까요."

그로부터 몇 주 후 4월 12일 아침이었다.

일본 적군파 학생들이 일으킨 '요도호' 사건, 와우아파트 붕괴 사건, 정모 여인의 피살 사건 등 우리 사회의 치부들이 가슴을 아프게 하던 일요일이었다.

서울 동쪽에 있는 공장에서 아침 예배를 끝내고 돌아왔는데 전화가 걸려 왔다. 스코필드 박사가 오늘을 넘기기 어려울 것 같다는 소식이었다. 어제 오후 다섯 시부터 갑자기 위독해졌고 일곱 시부터는 의식을 회복하지 못했다고 했다.

나는 의자에서 일어설 용기가 나지 않았다. 이렇게 어둠이 가득찬 사회에서 또 하나의 빛이 꺼지는 것 같은 심정이었다.

그저께 들렀을 때만 해도 "모든 준비는 끝났지만 5, 6일은 더 머무를 것 같으니 나 때문에 마음 쓰지 말고 젊은이들을 위해 수고해달라"고 당부했었는데….

그러면서도 "부인과 큰딸 성혜와 가족들에게 작별인사를 전해달라"고 했으니 다시 보지 못할 것을 예감했던 모양이다.

병원으로 달려갔다. 몇몇 친구들이 침대 옆에 서 있었다.

나는 그의 귓가에 입을 대고 "저를 아시겠어요?"라고 물었다. 아무 대답도 없었다. 이미 그의 영혼은 그 육체에 머무르고 있는 것 같지 않았다.

나는 눈물을 삼켰다. "내가 세상을 떠났다는 소식을 들어도 슬퍼하지 말라"던 스코필드 박사의 말이 떠올랐다. "나를 위해 울지 말고 너와 네 후손을 위해 울라"고 했던 예수의 뜻과 통하는 스코필드 박사의 마음을 알 수 있을 것 같았다.

침대 옆을 지키다가 오후 강좌를 위해 병원을 떴다. 오후 3시 15분경, 강좌를 끝내고 병원으로 달려갔다. 내가 도착하기 바로 몇 분 전에 운명하셨다고 했다.

YMCA에서 입관식이 있었다. 늦게 집으로 돌아왔다.

참으로 쓸쓸하고 허전한 저녁이었다.

4월 16일 오후, 비가 내렸다. 스코필드 박사가 오래 머무르던 동네의 남대문 교회에서 장례 예배가 있었다. 그날 오후 늦게 그분은 한강 남쪽 동작동 묘지에 길이 누웠다. 그에게는 그곳이 가장 사랑하는 한국 땅, 마지막 보금자리였을 것이다.

내가 그분을 알게 된 것은 큰딸 성혜를 통해서였다. 성혜가 '요사이 여대생들은 학문적 관심보다도 화장에 관한 지식을 더 요구하는 것 같다'는 내용의 글을 썼던 모양이다.

그 글이 계기가 되어 스코필드 박사를 알게 되었고, 부모님을 만나고 싶다는 요청이 있어 처음 뵙게 되었다.

우리는 곧 가까운 친구가 되었다. 그는 불편한 몸을 이끌고 신촌에 있는 우리 집까지 찾아오는 일을 즐겼고, 3월 15일에는 내가 초청을 받는 손님이 되었다. 그 날은 그분의 생일이었다.

그분의 집에는 언제나 저명인사 4, 5명과 그분의 가까운 친구 5, 6명을 비롯해, 20여 명의 고아들, 성경반에 나오는 어린 중고등학생들, 그리고 그분께 물질적·정신적 도움을 받고 자란 대학생들이 모이곤 했다.

목사님들도 있었지만 기도나 이야기의 순서는 꼭 내 차례로 돌아오곤 했다. 그분의 요청이 있었기 때문에 나는 사양할 수가 없었다. 마지막 생일 때도 마찬가지였다.

어느 날 그분이 "여러분이 내 형제의 죽음을 위로해주셔서 감사합니다. 그러나 나는 건강하니까 안심하십시오"라고 말했다.

우리는 의아하게 생각하며 "언제 형제분이 돌아가셨습니까? 아드님은 계시지만 형제분은 없는 줄 알았데요?"라고 물었다.

그분은 "아아, 모르세요? 여기 몇 학생은 잘 알고 있는데…. 창경원에 있던 호랑이가 며칠 전에 죽지 않았어요?"라고 말했다.

우리는 한참을 웃었다. 스코필드 박사의 별명은 호랑이었다. 한글 이름이 호랑이 호(虎)자가 들어간 '석호필'이었고, 그분의 성격 때문인지 학생들도 '호랑이 할아버지'라고 불렀다.

편지를 쓰면서 끝에 서명을 남길 때도 '호랑이 할아버지'라고 즐겨 썼고, 그 별칭을 좋아했다.

"나 호랑이 할아버지가 김포공항에 도착하면 어린 양들이 많이 마중 나오지요"라면서 언제나 한국으로 돌아오기를 기대했다. 누구보다도 한국을 위하고 사랑하는 분이었다.

마지막 남겨놓은 유서도 간결했다. 초등학생들이 쓰다 버린 공책 표지 같은 종이에 부활과 영생에 관한 기대를 얘기하면서, 자신의 모든 것을 고아원 아이들과 어린 학생들에게 써달라고 했다.

일제강점기 때 한국에 왔다가 3·1운동 뒤 일본에 의해 본국으로 추방될 때까지 꾸준히 가난하고 불행한 한국을 돕기 위해 노력했다. 3·1운동 때 일본의 비인도적인 만행을 세상에 알려준 노고는 길이 존경과 감사의 대상이 되어왔다.

그러나 해방과 더불어 제2의 조국인 한국을 찾아온 그분은 또 여러 가지 시련을 겪어야 했다. 바른 말과 충고를 서슴지 않는 그를 싫어한 것은 불행하게도 자유당 정권이었다. 이승만 대통령과 그 측근들이 스코필드 박사를 탐탁하게 여기지 않았다. 그 정도가 심해지면 그는 잠시 본국을 다녀오곤 했다.

그러나 그분이 한국을 위하고 사랑하는 심정에는 변함이 없었다. 특히 우리 사회가 돌보지 않는 불행한 어린이들을 돕는 데는 모든 정성을 다했다.

나는 지금도 그분이 다음과 같이 고충을 털어놓던 일을 기억하고 있다.

"김 선생, 얼마 전에 어떤 사립대학의 총장을 만났어요. 그에게

'하루 평균 30명의 환자를 볼 수 있는 의사는 거기서 최대 두세 명 더 받을 수는 있어도 그 이상은 안 되지요. 힘이 미치지 못하는 일이니까요. 그런데 왜 대학은 정원의 배나 되는 학생들을 받습니까? 돈은 생길지 모르지만 무책임한 교육이 되지 않겠어요?'라고 말했지요. 그랬더니 뭐라고 대답하는지 아세요? '정부가 90퍼센트의 부정을 저지르는데 학교가 약간의 부정을 했다고 해서 무슨 잘못입니까?' 하고 반문하는 거예요. 도대체 이 나라에는 아무 책임자도 없는 모양이지요?"

언젠가는 이런 말도 했다.

"김 선생, 내 개인적인 부탁이 하나 있는데, 국회의원들하고 한자리에서 얘기하거나 같이 다니지 마세요. 그 양반들 약간 돈 것이 아닙니까? 한국의 5급 공무원들이 한 달에 5천 원씩 받고 있는데 자기네들의 수입은 월봉 28만 원으로 만장일치 가결을 했다지요? 그것이 지도자요, 애국심을 가진 자가 할 수 있는 일입니까? 우리가 알기로는 영국이나 캐나다의 국회의원은 한국 국회의원의 수당 정도밖에는 받지 않습니다. 제 살림도 못하는 친구들이 어떻게 국사를 걱정합니까? 자신의 영광과 안일을 위한다면 다른 일을 해야지요. 나는 아무리 이해하려 해도 이해할 수가 없어요."

또 한번은 이런 얘기를 들려주었다.

"이번에 한국으로 돌아오면서 미국에 있는 한 친구를 방문했습니다. 그이는 젊어서 실업계에 투신해서 크게 성공한 사람이었지요. 그러나 40이 넘으면서부터는 도덕 재무장 운동에 앞장선 훌륭한 사람입니다. 그는 아메리카를 살리는 길은 모두가 열을 올리고 있는 경제의 발전이 아니라 정신적 각성과 도덕 운동임을 깨닫고 10여 년간 도덕 재무장 운동을 전개하고 있습니다.

어느 날 그가 밤늦게 내가 머무르고 있는 옆방 응접실로 찾아와서는 '스코필드 박사님, 저는 지금 제가 하고 있는 일이 귀하며 또 잘되어야겠기에 최선을 다하고 있습니다. 많은 재산과 노력을 쏟아 부으며 동분서주하고 있습니다. 그런데 50이 넘으면서부터는 왜 그런지 정신적 고독과 남모르는 우울함에 사로잡히는 때가 많습니다. 그런데 박사님을 뵈면 언제나 즐겁고 행복해 보이니 그 비결이 무엇입니까?'라고 물었습니다. 나는 잠시 생각한 끝에 '그럴 것입니다. 나는 보시는 대로 한 다리가 불편한 데다 하는 일도 대단치 못하지요. 불쌍한 어린이들을 위해서나 약간 도움이 된다고 할까요? 불행한 사람들이 많은 한국이라 도움은 못 되더라도 걱정은 하러 가는 처지가 아닙니까. 그러나 당신과 다른 점이 있다면 내 마음속에는 하나님이 계신다는 것입니다. 그분과 같이 있기 때문에 언제나 위로와 감사를 느끼며 삽니다'라고 대답했지요."

지금 스코필드 박사는 그의 유서에도 남겼듯이 '부활, 영원한 생명을 찾아서' 그 하나님의 품에 안겼다.

오늘, 이방인이었지만 가장 한국을 사랑했던 그분의 애국이 그립다.

김태길

나라 사랑의 허실

한국산 자동차가 캐나다와 미국 등 외국에서 잘 팔리는 이유 중하나는 그곳으로 이민 간 교포들이 솔선하여 국산차를 사기 때문이라고 들었다. 한국산 자동차의 판매소가 없는 미국 어느 시골에 사는 교포가 포니차를 구하기 위하여 수천 리 먼 길을 달려갔다는 이야기도 있다. 이역만리 해외에서 한국산 자동차를 몰고 달릴 때 우리 교포들은 형언하기 어려운 환희와 긍지를 느낀다. 그만큼 우리한국인은 겨레와 나라에 대한 향념이 강하기로 유명하다.

국제 운동 경기가 있을 때마다 나는 우리 한국인의 나라 사랑을 피부로 느낀다. 어느 나라 국민인들이 제 나라 선수들에게 뜨거운 응원을 보내지 않을까마는, 우리 한국인의 응원은 보통 이상으로 열기에 넘친다. 텔레비전 앞에 모여서 박수를 치며 목청을 높일 때, 온 국민은 글자 그대로 하나가 된다.

해외에 이민 간 교포들이 한국산 자동차를 애용하듯 국내외의 모든 국민이 항상 그리고 한결같이 국산품을 애용한다면, 한국 경제에는 별다른 걱정이 없을 것이다. 미국의 보호무역 정책이 우리나라의 시장을 공개하라고 아무리 압력을 가하더라도, 상술에 능한 일본인들이 별의별 농간을 부리며 파고든다 하더라도, 우리나라 경제에는 별 문제가 없을 것이다.

그러나 실제로 우리 한국 사람들은 외국 제품을 좋아하기로 이름이 났다. 해외로 여행을 나가면 어느 나라 사람들보다도 많은 물건을 사가지고 돌아온다. 한국에서 수출한 물건을 외국 제품으로 알고 비싸게 사들이는 경우가 있을 정도로 외국 것을 좋아한다. 국내에서도 외국 상품을 선호하는 경향은 가히 열광적이다. 외국에서 들어온 것이 아니면 적어도 외국 상표쯤은 붙어 있어야 만족해한다. 외국의 유명한 회사의 상표조차도 없을 경우에는 서양식 이름만이라도 붙어 있어야 한다.

평소에 우리나라 선수들을 응원할 때 보여준 그 일치된 나라 사랑의 절반만 발휘해도, 우리나라의 발전과 번영은 보증수표처럼 확실할 것이다. 그러나 평상시의 한국 사람들은 세포가 분열하듯 이리 갈라지고 또 저리 갈라진다. 여당과 야당이 갈라지고, 같은 정당 내부에서도 다시 파벌의 분열이 생긴다. 사람들은 지방을 따라서 나누어지고, 세대를 따라서 나누어지며, 또 출신 학교를 따라서 나누어진다. 남과 북이 통일을 이룩해야 한다고 소리 높여 외치는 사람들이 남한 내부에서 사분오열하며 구심점을 찾지 못한다.

우리 한국인에게 겨레를 사랑하고 나라를 사랑하는 뜨거운 피가 흐르고 있음에는 의심의 여지가 없다. 그 피가 일부에게만 흐르고 있는 것이 아니라 남녀노소 모두에게 도도히 흐르고 있다. 그러나 우리의 겨레 사랑과 나라 사랑에는 꾸준한 일관성이 부족하다. 일관성이 부족한 까닭에 겨레와 나라에 대한 사랑이 한갓 감정 표출의 차원에서 멈추고, 실질적인 역량으로서 살기 좋은 나라를 실현하는 데 결정적 역할은 못하고 있는 실정이다.

개인에 대한 사랑이든 나라에 대한 사랑이든, 사랑의 심리적 바탕은 감정이다. 감정의 심리는 열정적이고 뜨겁다는 장점도 있지만, 상황에 따라서 흔들리기 쉽다는 단점도 가지고 있다. 한국 사람의 나라 사랑에 일관성이 부족한 것은 이 단점이 작용하기 때문일 것이다. 이 단점을 보완하여 우리의 나라 사랑에 일관성을 부여할 수 있다면, 한국의 내일은 태양처럼 밝을 텐데….

감정과 아울러 인간의 마음을 구성하는 또 하나의 심리 작용인 지성(知性)에는, 감정이 가진 뜨거움의 장점은 없으나, 감정에는 결여된 일관성과 냉철함이라는 장점이 있다. 만약 우리가 한국인의 뜨거운 나라 사랑의 감정에 냉철하고 논리적인 지성을 접목하는 데 성공한다면, 우리의 나라 사랑은 일관성과 안정성을 얻을 것이며, 우리 한국을 진정 살기 좋은 나라로 건설하는 데 필요한 기반을 얻게 될 것이다.

도대체 '나라'라는 것이 무엇인지 한 번쯤은 생각해볼 필요가 있다. 거기에는 사람들이 있고 자연이 있으며 또 여러 가지 문화가 들어 있다. 나라의 구성원들을 사랑하고 자연을 사랑하며 또 문화를 사랑할 때, 나라 사랑은 실질과 구체성을 갖추게 된다. 특히 같은 나라 사람들, 즉 국민에 대한 사랑이 없을 때, 나라 사랑은 막연한 애착에 불과한 것이 되고 말 것이다.

우리는 '한민족'이니 '조국'이니 하는 말에 대해서는 뜨거운 사랑을 드러내는 데 비해, 한국의 사람들과 산과 들과 문화를 사랑하는 마음은 몹시 미지근하다. 특히 사람들끼리는 서로 미워하는 경향조차 현저하다. 겨레란 무엇이고 나라란 무엇인지 처음부터 다시 생각해볼 일이다.

조국을 위해 무엇을 할 것인가

인간의 발이 달나라를 밟았다. 인간의 과학적 지성과 모험 정신의 위대한 승리다.

인간이 달나라에 간다는 것은 하나의 꿈이요 기적이었다. 그러나 마침내 그 꿈은 실현되었고 기적은 이루어졌다.

버즈 올드린은 인류 최고의 우주인 중 한 사람이다. 1969년 7월 21일 오전 11시 56분에 닐 암스트롱과 올드린은 달의 표면을 밟았다. 참으로 역사적인 순간이었다. 전 세계가 TV 화면을 통해 이 감격적인 순간을 지켜보았다. 달에 도착하자마자 그들은 미국의 성조기를 달 표면에 꽂고, 그 앞에서 경건한 경례를 했다. TV로 이 광경을 보고 있던 나는 눈시울이 뜨거워졌다. 그들은 조국의 명예와 영광을 달나라에 심었다. 그것은 생명을 건 모험이었다.

우리는 조국에서 태어나 조국의 품에서 자라고, 조국을 위해 일하다 그 땅에 뼈를 묻는다. 조국은 내 조상들이 살던 땅이요, 내가 사는 땅이며, 내 자녀들이 살아야 할 땅이다.

우리는 부모를 선택할 자유가 없는 것처럼 조국을 선택할 자유도 없다. 그것은 하나의 운명이다. 내가 어떤 조국에 태어나느냐, 그것은 내 선택의 영역이 아니다. 운명에 의해 결정되는 것이다.

올드린에게 기자들이 물었다

"당신 생애의 가장 감격적인 순간은 언제였습니까?"

그는 이렇게 대답했다

"달나라에 가서 성조기를 꽂고, 국기 앞에 경례를 하던 때가 내 생애의 가장 감격적인 순간이었습니다."

조국의 영광을 위해 헌신하고 봉사한다는 것은 사내대장부로서 가장 보람 있는 일이다.

금년(1971년) 2월 아폴로 14호가 달나라에 갔다. 나는 미국 공보원의 초청을 받아 천연색 TV로 그 장엄한 광경을 볼 수 있었다. 화면에 비친 달의 표면은 엷은 회색이었다. 미국의 두 우주인은 먼저 달의 표면에 성조기를 꽂았다. '우리의 국기가 달나라에 꽂힐 날은 언제일까.' TV를 보면서 나는 잠시 그러한 생각에 잠겼다.

세계의 위인들을 보라. 모두 자신의 나라를 위해 피와 눈물과 땀을 흘렸다. 간디는 인도의 독립과 자유를 위해 평생을 바쳤다.

"나는 인도와 결혼했다"라고 그는 말했다.

드골은 프랑스의 번영과 영광을 위해 싸웠다.

"위대성이 없는 프랑스는 프랑스가 아니다"라고 그는 외쳤다.

카부르는 이탈리아의 통일과 독립을 위해 온 생애를 바쳤다.

"이탈리아는 나의 애인이다"라고 그는 말했다

케네디는 미국을 위해 헌신하다 흉탄을 맞고 쓰러졌다.

"국가가 너를 위해 무엇을 할 수 있는가를 묻지 말고, 네가 국가를 위해 무엇을 할 수 있는가를 물어라"라고 그는 미국 국민에게 호소했다. 내 조국을 위해 나는 무엇을 할 것인가? 이것이 우리의 행동 좌표가 되어야 한다는 것이다.

도산은 대한민국의 독립과 번영을 위해 육십 평생을 분골쇄신(粉骨碎身)했다. 그는 이렇게 부르짖었다.

"나는 밥을 먹어도 조국의 독립을 위해서, 잠을 자도 조국의 독립을 위해서 해왔다. 이것은 내 목숨이 없어질 때까지 변함없을 것이다."

과학자 파스퇴르는 이렇게 말했다.

"과학에는 국경이 없어도, 과학자에게는 국경이 있다."

우리에게는 분명히 국경이 있고 조국이 있다.

처칠은 이렇게 호소했다.

"내가 바칠 수 있는 것은 피와 노고와 땀과 눈물밖에 없다."

그는 누구에게, 또 무엇에 피와 노고와 땀과 눈물을 바쳤던가. 그의 조국 영국을 위해서였다.

세계의 위인들은 모두 자신의 나라를 위해 힘썼다. 조국을 위해 헌신 분투했기에, 그들은 위인이 된 것이다. 힘 있는 나라, 번영하는 나라, 신의 있는 나라, 문명한 나라를 만들기 위해 애썼다. 내가 내 나라를 바로 세우는 것이 세계를 바로 세우는 길이요, 인류에 공헌하는 길이다.

우리도 달나라에 우리의 국기를 꽂을 날이 와야 하지 않겠는가.

조국애는 결코 낡은 생각이 아니다. 살아 움직이는 윤리요, 관념이요, 철학이다.

　모든 국민을 보라. 그들은 모두 조국의 이익과 번영을 위해 일하고 힘쓴다. 조국을 망각한다는 것은 망국민의 심리다.

　"네 나라가 어디냐? 너는 네 나라를 위해 무엇을 하고 있느냐?"

　우리는 늘 스스로 이렇게 물어야 한다. 조국, 이 두 글자를 우리의 가슴속 깊이 새겨야 한다.

유산

김형석

참다운 유산

H군은 나와 동갑인 벗이다.

어느 날 나는 H군을 따라 동리 서쪽 끝에 있는 그의 집을 찾아갔다. 얼마 전까지 커다란 대문이 동쪽을 향해 있었는데 며칠 동안에 그 대문이 서쪽으로 옮겨져 있지 않은가. 이상하게 생각한 나는 H군에게 "너희 집 대문을 왜 바꾸었지?" 하고 물었다.

H군은 빙그레 웃으면서 "우리 아버지가 누구에게 물어보았더니

대문을 서쪽으로 옮겨야 동리로 향하는 복이 온통 우리 집으로 쏟아져 들어온대. 그래서 목수를 불러다가 바꾸어 단 거야"라고 대답했다.

그렇지 않아도 당시 H군 집은 퍽 부자였다. 우리 집이 가장 가난했다면 H군의 집은 동리에서 첫째가는 부자였으니까.

지금 생각해보면 H군의 아버지는 돈을 벌기 위해 세상에 온 사람 같았다.

언젠가는 H군이 학교에서 공부를 하다가 5전짜리 백전 한 닢을 마루 구멍으로 떨어뜨린 적이 있었다. 나나 우리 아버지 같으면 할 수 없다고 단념했을 텐데 그날 오후 H군의 아버지는 장도리를 들고 학교에 찾아왔다. 기어이 마루를 뜯고 그 5전을 찾아가고야 말았다. 어린 우리도 놀랐지만 마루를 뜯는 H군의 아버지 모습을 바라보며 당황해하던 선생님의 표정이 지금도 기억에 남아 있다.

그 집에서는 농사도 짓고 돼지도 길렀지만 주로 농촌에서 고리대금도 겸하고 있었던 것 같다. 가난한 몇 가정이 H군네 빚을 갚지 못해 동리를 떠나는 일도 있었다. 당시 H군은 어린 나이에도 항상 자기네는 큰 부자이며 돈을 벌기 위해서 두 형들이 중학교도 안 가는 것이라고 말했다. 그리고 H군의 아버지는 세 아들에게 입버릇처럼 이렇게 말했다. "어떻게 해서든지 돈을 벌어야 한다."

나는 어렸을 때 H군을 퍽 부러워했다. 그때마다 '우리 아버지는 왜 이렇게 가난하게 되었을까, 역시 어딘가 부족한 점이 있을 거야'

라고 생각하지 않을 수 없었다.

우리는 같은 해에 초등학교를 졸업했다.

H군은 가정에서 아버지를 따라 가사를 돌보게 되었고 나는 빚을 져가면서 중학교에 갔다. H군은 물론 그의 아버지도 우리 가정의 일을 몹시 아니꼽게 생각했던 모양이다. H군이 나를 친구로 대하기를 즐기지 않고, H군의 아버지는 우리 아버지를 사람들 앞에서까지 철없는 사람이라고 비웃을 정도였다. 얼마가 지난 뒤에 우리 가족이 H군네 안방으로 사글세를 들어야 했으니 그 서글픔의 정도란 이만저만이 아니었다.

H군의 삼형제는 그 뒤 아버지로부터 제각기 적지 않은 유산을 물려받았다. 그러나 그 후 그들 삼형제는 퍽 불쌍해졌다는 소식이 들려왔다. 맏아들은 어떤 사업에 착수했다가 적지 않은 사기 행위를 저지르고 교도소 신세를 지게 되었다. 둘째 아들은 시골에서 잘 살던 처가가 망했다는 이유로 부인과 이혼하고 광산으로 갔다가 대인관계의 과오 때문에 매를 맞아 불구자가 되어 버렸다. 나와 가장 가깝던 벗 H군은 어떤 공직에 있었으나 공금횡령으로 가산을 잃고 지금은 종적을 알 수 없는 형편이라고 전해들었다.

H군 아버지의 모든 수고와 노력은 허사로 돌아가 버렸다. 아들들이 이렇게 되는 것을 본 아버지는 울화병으로 오래 고생하다가 남의 집 셋방에서 비참한 최후를 맞이하고 말았다.

지금 돌아보면 H군의 아버지는 자식들에게 재산은 물려주었지만 재산을 관리하고 운영해나갈 마음과 뜻은 줄 수가 없었던 것 같다. 오히려 그 마음을 주었더라면 재산이 뒤따를 수도 있었을 텐데…. 나는 H군의 가정을 생각할 때마다, 모시고 있지 못하는 부친에게 뒤늦게나마 깊은 감사를 드리곤 한다. 부친은 가난했다. 유능한 분도 아니었다. 어린 나에게 적지 않은 가난의 고통을 안겨주기도 했었다. 그러나 나는 내 부친을 통하여 다른 어디서도 얻을 수 없는 고귀한 교훈을 받고 자랐다. 그것을 한마디로 표현한다면 '사람은 무슨 일이 있더라도 남에게 해로운 일을 해서는 안 된다'는 것이었다.

그 마음이 모친에게 전해졌고 다시 그 같은 뜻이 우리 형제들에게도 나누어 물려진 것으로 믿고 있다. 나는 지금도 생각해본다. 부친이 남겨준 위대한 유산은 여기에 있었다고. 그리고 가능하다면 나는 내 자식들에게 그 뜻을 길이 전해주고 싶다. "결코 벗이나 이웃에게 악을 저지르거나 고통을 주어서는 안 된다"고.

이제 생각해보면 내 부친은 H군의 아버지보다 더 훌륭하고 귀한 유산을 남겨준 셈이다. 뿐만 아니라 이 마음의 유산은 수십 대를 두고 전하고 싶은 정신적 유산이 아닐 수 없다.

김태길

3·1운동 60돌에

올해(1979년)는 기미년, 3·1운동이 회갑을 맞는 해다. 나도 본래는 금년이 회갑해가 될 것이었으나, 3·1운동 때문에 출생이 약 1년 늦어졌다. 사상범으로 해주에서 옥살이를 하시던 선친께서 만기 출옥을 불과 수일 앞두고 옥중에서 만세를 부르신 관계로 형기가 연기되어 내 출생 시기에 차질이 생긴 것이다.

항일투사로 자처하신 아버지는 어린 나에게 많은 이야기를 해주셨다. 자신의 무용담도 곁들여가며 한말(韓末) 시기의 비화(秘話)를 자주 들려주셨다. 아마 자식에 대한 교육의 뜻도 있었을 것이다. 그러나 형사들에게 쫓기며 객지로만 유랑하신 날이 많아서 어머니를 고생시키던 아버지를 오로지 존경만 할 수도 없는 가정환경이었다. 따라서 아버지의 교육 효과에도 자연히 한계가 생겼고, 나는 아버지같이 철저한 지사(志士)로 성장하지 못했다. "자식 삼형제 하나도 애비만 못하다"는 말씀을 여러 번 들으면서 속으로 불평도 했지만 그 말씀이 옳았던 것도 같다.

그래도 아버지의 가정교육이 전혀 헛되지는 않았던지 나도 젊었을 때는 3·1운동을 몸소 겪었던 선인(先人)들의 정신을 다소는 나누어가지고 있었다.

그러나 세파에 시달리며 살아오는 동안에 젊은 날의 기개는 안개처럼 사라지고 지금은 그저 눈치만 늘어서 적당히 하루하루를 보내는 몰골이 되고 말았다. 주위에 역겨운 일이 일어나는 것을 보고도, '세상이란 본래 그런 것인가 보다' 하는 식으로 남의 일처럼 방관한다. 나라가 어떠니 겨레가 어떠니 하며 말로 떠든 적은 더러 있지만, 실제로 해놓은 일을 조용히 반성하건대, 생각나는 것은 오직 부끄러움뿐이다.

나만 그런가 하고 주위를 살펴본다. 오늘의 세상 풍조가 대체로 그런 것이 아닌가 하는 인상이 짙다. 입으로는 큰 애국자나 되는 듯이 목청을 돋우는 사람들도 많다. 그러나 그들이 하는 행실을 자세히 관찰하면 그것이 모두 진실에서 우러나온 말이 아님을 본다. 심지어 '애국' '애족'을 들먹여서 필경에는 자기 개인의 이익을 도모하는 결과를 부르기도 한다.

어떤 사람은 아예 사회나 국가는 안중에도 없다. 나만 잘살면 그만이라는 좁은 소견으로 세상을 살아간다. 그 '잘산다' 함이 자기 인격을 수양하여 정신세계가 높은 경지에 도달함을 뜻하는 것이라면 좋겠으나, 안타깝게도 풍부한 물질을 사용하여 당장 즐거운 시간을 보내는 데 정신을 쏟는 것이다.

60년 전에 독립을 부르짖고 일어선 우리 선인들은 좀 달랐을 것 같은 생각이 든다. 당시 사람들의 인품은 오늘과 다른 점이 많았던 것으로 인상에 남아 있다. 50년 전 어린 시절의 기억을 그대로 믿어도 좋을지는 모르겠다. 그리고 오래된 기억에는 미화의 심리가 작용한다는 사실도 감안해야 할 것이다. 그러나 역시 옛날 사람들에게는 멋이 있었다는 기억을 지울 수 없으며, 오늘을 사는 우리로서도 그들로부터 배워야 할 점이 있다고 생각한다.

옛날 사람들은 물질생활에 몹시 쪼들린 데 비하여 정신적으로는 마음의 여유를 가지고 세상을 살아간 듯한 느낌이다. 대체로 인심이 후하고 소박했으며, 사람끼리 대하는 태도가 정겹고 부드러웠다. 그 당시에도 물론 거친 사람이 있었고 범죄 사건도 보도되었다. 그러나 오늘 우리 주변에서 흔히 일어나는 따위의 그토록 포악하고 흉악한 행동은 아주 적었던 것으로 기억한다.

사사로운 일상생활에서는 양처럼 온순하고 봄바람처럼 온화하던 사람들조차 민족의 자주독립이라는 대의(大義) 앞에서는 사자처럼 분노했고 노도처럼 분기했다. "만세"만 부르면 독립이 된다고 소박하게 믿었던 촌로촌부(村老村婦)들까지도 목숨을 걸고 '민족의 독립'이라는 큰 목표를 위해서 용감히 일어섰던 것이다.

이 얼마나 멋있고 자랑스러운 현상인가. 이것이 다름 아닌 우리 부모 또는 조부모들의 이야기인 것이다. 바로 60년 전에 이 땅에서 일어난 산 역사다.

그 뒤로 60년의 세월이 흘러 또다시 기미년의 3월을 맞이한다. 개인적으로 부끄럽기 짝이 없는 세월을 흘려보낸 나 같은 사람에게도 느껴지는 바가 적지 않다. 이 느낌 속에 들어 있는 생명의 일부라도 살려 간직하며, 앞으로의 삶에 다소나마 보탬을 삼고 싶은 심정 간절하다. 그렇게 할 수만 있다면, 지하에 계신 부모님께서도 "이제야 철이 나는가 보구나!" 하실 것 같다.

안병욱

<hr>

무엇을 남기고 떠날 것인가

공수래공수거(空手來空手去)라는 말이 있다. 빈손으로 왔다가 빈손으로 간다는 뜻으로, 인생의 허무함을 개탄한 말이다.

우리는 이 세상에 올 때 빈손으로 온다. 그리고 떠날 때도 빈손으로 간다. 수십억을 가진 부자도 죽을 때는 칫솔 하나 지니지 못하고 떠난다. 그러나 나는 이 말에 강한 저항을 느낀다.

올 때는 빈손으로 오지만, 갈 때는 빈손으로 가서는 안 된다. 무엇인가 남기고 가야 한다. 이 세상에 왔던 자취를 남기고 가야 한다. 내 존재의 증거를, 내 인생의 의미를, 내가 왔던 보람을 남기고 가야 한다.

아무것도 남기지 못한다는 것은 사람으로서 부끄러운 일이다. 인생을 헛산 것이다. 소리 없이 왔다 흔적 없이 가버린다는 것은 인간으로서 수치스럽고 무책임한 일이다.

우리는 역사의 한 모퉁이에 손톱자국이라도 남기고 가야 한다. 대지의 한 구석에 발톱자국이라도 남기고 가야 한다.

중학교 시절 영어책에서 읽은 미국 시인 헨리 워즈워스 롱펠로의 시를 나는 지금도 잊을 수가 없다. 그 요지는 대충 이러하다.

"어느 날 나는 활을 쐈다. 그 화살은 멀리 허공으로 날아갔다. 어느 날 나는 노래를 불렀다. 그 노래는 하늘 저편으로 사라졌다. 먼 훗날 나는 내가 쏜 화살이 큰 나무에 힘차게 박혀 있는 것을 보았고, 내가 부른 노래가 옛 친구의 가슴속에 정답게 남아 있는 것을 발견했다."

나는 이 시의 이미지를 좋아한다. 인생이 결코 허망하지 않다고 말해준다. 우리의 피땀과 정성이 어떤 의미의 결정체가 되고, 어떤 가치의 구현물(具現物)이 되어 남는다는 것이다.

'호랑이는 죽어서 가죽을 남기고 사람은 죽어서 이름을 남긴다'고 했다. 심심산곡(深深山谷)의 이름 없는 풀도 시들면 거름이 되어 새 생명의 성장을 돕는다. 하물며 만물의 영장인 인간은 어떠하겠는가.

우리의 모든 행동은 어떤 의미를 추구한다. 산다는 것은 가치를 실현하고 이상을 성취하려는 진지한 노력이다. 산다는 것은 물이 높은 데서 낮은 데로 흘러가는 단순한 물리적인 운동이 아니다.

사람은 두 가지의 욕구를 갖는다. 하나는 생존의 욕구요, 또 하나는 초생존(超生存)의 욕구다. 우리는 하루 세끼를 먹고 마시고 배설하고 생식하면서 생물학적인 생존을 계속한다. 그러나 사람은 결코 그러한 생에 만족할 수 없는 존재다. 뭔가 보람 있고 의미 있게 살고 싶어한다. 나는 인간을 정의하여 '보람을 추구하는 존재'라 말하고 싶다. 이 보람이 곧 초생존의 욕구다.

옛날에는 생존하는 데 인간의 노력과 활동이 집중되었다. 그러나 현대의 문명인은 생존의 차원을 넘어, 보람의 차원을 추구한다.

보람 없는 인생은 허무한 인생이다. 오늘은 과연 보람 있는 하루였던가. 나는 삶의 보람을 느끼고 있는가. 일하는 보람, 공부하는 보람, 고생하는 보람을 느끼며 살아가고 있는가. 나의 생애는 과연 보람된 생애였던가.

보람을 느끼기 위해서는 세 가지 요소가 필요하다.

첫째는 바람직한 목표가 서 있어야 한다. 둘째는 그 목표를 실현하려고 할 때, 또는 실현했을 때 느끼는 흐뭇한 정신적 충족감이다. 셋째는 남들이 내 수고와 노력을 인정해주는 기쁨이다.

사랑하는 자식의 성공을 위해 주야로 고생하는 어머니의 생활 속에는 보람의 충족감이 있다. 완벽한 작품을 만들기 위해 온 마음을 모아 절차탁마(切磋琢磨)하는 예술가의 활동에는 팽팽한 보람의 희열이 있다. 큰일이건 작은 일이건 창조와 생산에는 보람의 행복이 있다.

사람은 저마다 무엇인가 남기고 가야 한다. 개인은 민족을 위해, 민족은 인류를 위해 무엇인가 남겨야 한다. 위대한 인간은 위대한 업적을 남긴 사람이요, 위대한 민족은 위대한 유산을 남긴 민족이다.

나는 무엇을 남기려고 하는가. 우리 민족은 무엇을 남겼는가. 어떤 사람은 훌륭한 작품을 남기고, 어떤 사람은 깊은 사상을 남긴다. 뛰어난 정신을 남기는 사람도 있고, 큰 규모의 사업이나 고귀한 생애, 훌륭한 자녀를 남기는 사람도 있다.

빈손으로 왔다 빈손으로 가는 인생이 아니다. 올 때는 빈손으로 오지만 갈 때는 무엇인가 남기고 가야 한다.

우리는 삶의 의미를 어디서 찾아야 하는가. 보람에서 찾아야 한다. 보람된 일, 보람된 하루, 보람된 생활, 보람된 행동을 축적할 때 우리는 유산을 남길 수 있다.

성실한 자세로 인생을 살아가고 싶다. 산다는 것은 엄숙한 일이다. 더욱이 보람 있게 산다는 것은 참으로 엄숙한 일이다. 인생은 무책임한 향락의 놀이터가 아니다. 먹고 마시고 놀고 춤추고 도박하기 위해 이 세상에 태어난 것이 아니다.

인생은 성실한 창조의 일터다. 뭔가 가치 있고 보람 있고 의미 있는 것을 창조하기 위해 분투노력하는 것이 올바로 사는 자세다.

세상을 떠날 때 신이 우리에게 던지는 엄숙한 질문이 하나 있다.

"당신은 민족 앞에 무엇을 남기고 갑니까?"

우리는 이 물음에 대해 뭔가 자신 있게 대답을 해야 한다. 저마다 가치 있는 유산을 남기고 가자. 우리 존재의 결산은 유산에 있다.

시간

김형석

시간·때·영원한 것

　우리를 포함해 대부분의 동양 사람들은 전통 사회에서 살아왔기 때문에 과거에서 현재를 거쳐 미래로 가는 것이 시간이라고 생각한다. 과거에서 현재까지는 존재하지만 미래는 아직 비어 있는 것으로 느낀다.

　그리고 과거의 연장이 현재이듯이 미래는 과거로부터 주어진 현재의 연장이라고 본다. 인과응보의 사상을 가진 사람들은 이미 존재하는 것이 과거이고 아직 존재하지 않은 공허한 형식적 시간은 미래라고 여긴다.

이런 사고와 삶이 우리의 현실적 시간관이며 그것에 크게 물음표를 달지 않는다. 그것이 좋게 말하면 전통 사회를 만들었고 어떤 면에서는 운명론적인 사고를 키워주기도 했다.

그런데 아우구스티누스는 1600년 전 사상가인데 시간은 미래로부터 와서 현재라는 점을 거쳐 과거로 가서는 사라져 버린다고 보았다. 존재하는 것은 현재와 미래일 뿐이며 시간으로서의 과거는 존재하지 않는다는 생각이다.

이러한 시간관은 과거에는 없었다. 기독교가 탄생되고 아우구스티누스가 기독교 사상을 받아들여 집대성하면서 얻은 시간관이다. 그리고 그 전통은 기독교 사상계를 거쳐 오늘에 이르렀다. 최근에는 마르틴 하이데거 같은 철학자가 그 이론을 계승, 정당화시켜주고 있다.

거기에는 또 다른 사상적 배경이 깔려 있다. 인간의 삶이 '인간과 자연'의 단계에 머물면 과학과 철학이 탄생한다. 그리스 사상이 그 대표적인 예다. 그렇게 되면 시간은 아리스토텔레스가 지적했듯이 사건의 연장선에서 해석되고 시간의식은 그 위상에서 풀이된다.

또 우리의 삶이 '인간과 인간'의 관계에서 이루어지면 윤리와 도덕의식이 강조되기 때문에 시간관념이 크게 부각되지 않는다.

그런데 우리의 삶이 '인간과 신'의 관계에서 이루어지게 되면 역사의식이 강렬해지고 시간과 미래에 대한 도전의식을 갖게 된다. 따라서 구약과 신약은 강한 역사의식을 포함하고 있으며 그 역사의식이 특유한 시간관념을 갖게 만든 것이다. 아우구스티누스가 바로 그런 역사관과 시간관을 잘 말해주었다. 기독교 신앙은 언제나 미래에 대한 도전이며 선택과 결단을 요구하고 있기 때문이다. 하이데거는 그것을 실존적 삶의 현상에서 확인시켜주었다.

말하자면 자연적 현실로서의 시간은 큰 의미를 갖지 않는다. 윤리적 현실에서도 선악의 가치는 논의되나 시간적 의미는 강조되지 않는다. 오히려 도덕규범은 역사성을 초월한 형이상학적 규범이 되기를 원한다. 칸트가 그 이론의 대표적 인물이다.

그러나 우리의 삶을 역사적 현실에서 보았을 때는 강한 시간의식과 더불어 미래지향적인 시간구조를 받아들이지 않을 수 없다.

예로부터 전해져 내려온 이야기가 있다.

한 도둑이 나이 들고 병에 걸려 위험한 상황에 처하게 되었다. 하나밖에 없는 아들이 아버지에게 호소했다. "아버지가 돌아가시면 나는 어떻게 혼자 살아갈 수가 있습니까? 물려줄 것이 없으면 도둑질하는 방법이라도 가르쳐주어야 할 것이 아닙니까?"

그 말을 들은 아버지는 아들을 데리고 어떤 부잣집 담 밑까지 갔다. 담 밑에 구멍을 뚫고 집안으로 들어가 창고 문을 연 뒤 아들에게 오라고 손짓하더니 쌀뒤주 문을 열고는 아들에게 이 뒤주 속으로 들어가라고 했다.

아들이 들어간 후에 아버지는 뒤주 문을 잠그고, 자기는 집으로 돌아갈 테니 뒷일은 네가 알아서 하라고 말하고는 그 자리를 떠나 버렸다. 아들은 아버지를 원망했다. "저렇게 무정한 사람이니 도둑질이나 하지"라며 울분을 터뜨렸다. 그러다가 곧 생각을 고쳤다.

'문제는 지난 일이 아니라 지금 당장 닥친 일을 해결하는 것이다. 우선 어떤 수단을 써서라도 이 뒤주에서 나가야 한다.'

그야말로 목숨이 경각에 달린 긴박한 순간이었다.

생각을 정리한 아들은 손톱으로 뒤주 벽을 긁어대기 시작했다. 그 소리를 들은 주인 할아버지가 "이상하다. 쌀뒤주에 쥐가 들어갔을 리가 없는데"라면서 열쇠를 들고 창고로 들어와 뒤주 문을 열었다.

그 틈을 타고 아들은 뒤주 밖으로 뛰쳐나와 창고 문을 박차고 뜰 안으로 들어섰다. 노인은 "도둑이야"라고 소리를 질렀다. 잠들었던 가족들이 놀라 몽둥이를 들고 도둑이 어디로 갔느냐고 찾아다니기 시작했다.

당황한 아들은 뜰 안 우물 옆에 있는 빨랫돌을 우물 속에 던져넣었다. 돌이 물에 빠지는 소리를 들은 가족들이 "저놈의 도둑이 도망칠 곳이 없으니까 우물로 뛰어들었구나" 하면서 등불을 켜들고 우물 속을 살피기 시작했다.

아들은 그 틈을 이용해 담 밑으로 빠져나와 집으로 돌아왔다. 화가 치민 아들은 아버지에게 "어떻게 하나밖에 없는 자식을 죽을 곳으로 몰아넣을 수가 있느냐"면서 따졌다.

그 말을 들은 아버지는 "나도 그렇게 하다가 도둑이 된 것이다. 궁해지면 통하는 길이 열리는 법이란다"라고 말했다.

역사적 현실이란 그런 것이다. 뒤주 속에서 자신을 발견한 아들은 과거를 따질 여유가 없었다. 혼자서 살길을 찾지 않으면 살아남을 수가 없었기 때문이다.

자연 관념이나 철학에는 이런 절박한 역사적 사태가 벌어지지 않는다. 윤리나 도덕도 여유를 갖고 모색할 시간적 공간이 있다. 그러나 역사적 현실은 순간순간마다 어떤 선택과 결단을 요청해 온다. 시간적 여유를 가지거나 내일로 미룰 수 있는 사건들이 아니다.

이렇게 보면 시간은 과거의 연장이 아닌 미래에 대한 도전이 된다. 중요한 것은 과거가 아니라 미래인 것이다. 사실 우리가 과거의 역사를 살피는 것은 미래를 개척하기 위한 지혜를 얻으려는 데 그 목적이 있다. 미래를 완전히 제거해 버린다면 과거의 역사를 공부할 필요가 없어진다.

그래서 역사와 더불어 시간은 미래지향적이다.

그런데 여기에 문제가 있다. 내가 미래로 가고 있는가, 아니면 어떤 사태가 미래로부터 나에게 다가오고 있는가 하는 것이다. 역사적 관점에서 보지 않으면 내가 미래로 가고 있다고 생각한다. 마치 내가 시간의 열차를 타고 지금까지 왔던 것처럼 앞으로도 그렇게 갈 것이라고 생각하는 것이다.

그러나 역사적 현실에 서 있는 사람은 이미 깔려 있는 도로를 전진하는 것처럼 쉽게 미래로 가고 있다고 생각하지 않는다. 내 앞에서 다가오는 어떤 사태에 부닥치는 것이 삶의 현실이라고 본다. 예상치 못했던 혁명을 맞이하게 된다든지, 전쟁의 폭풍우에 휘말리게 되는 사례들이 그것을 잘 보여주고 있다. 역사를 개척하는 사람들은 그렇게 다가오는 사태에 도전하도록 되어 있다. 그것이 역사를 만들어가는 사람들이 보여주는 미래에 대한 도전이다.

또 그렇게 타의에 의한 것이 아니더라도 꾸준한 연습이 필요한 운동선수는 시합에 임하기 위해 미리 준비하며, 어떤 정치가는 혁명적 거사를 위해 모든 지혜와 노력을 경주하게 된다. 앞으로 다가올 것에 대해 미리 준비를 갖추는 것이다. 하이데거가 '다가오는 미래의 사태에 대한 결단'이 시간의 핵심이라고 본 것은 옳은 판단이다.

시간이 삶을 만들어주는 것이 아니라 삶의 현상으로 해석되는 것이 시간이어야 했던 것이다. 하이데거가 불안이나 죽음을 말한 것도 그런 맥락에서다. 불안은 인간에게 언제나 존재하며 죽음 역시 멈추지 않고 우리에게로 가까이 다가오고 있다고 보았다.

그런데 여기에 또 하나의 문제가 남아 있다. 영원한 시간에 대한 것이다. 종교적 삶을 우리는 영적 체험이라고 부른다. 기독교는 특히 그 점을 강조하고 있다. 영적 체험이 없다면 기독교 신앙은 존재하지 않는다.

이러한 영적 체험은 내가 만드는 것도 아니며 세상적 사건으로 주어지는 것도 아니다. 오히려 내 의지와 상관없이 주어진다. 제3자가 나에게 작용해오는 것이 영적 체험이다.

우리는 시간이 온다고 말하지 않는다. 그것은 자연의 시간인 까닭이다. 때가 온다고 말한다. 어떤 사건의 시간인 때가 온다고 보는 것이다. '폭풍 전의 고요함'이라는 말을 자주 쓴다. 그 고요함이 그치면서 우리의 삶은 폭풍의 소용돌이에 빠져들게 된다.

은총과 영적인 체험은 내 힘과 선택의 한계를 벗어나 초현실적으로 벌어지는 것이다. 그런 뜻에서 구약의 예언자들은 역사의 주인공인 메시아의 오심을 예고했던 것이다. 그리스도인들은 우리 앞에 나타나 펼쳐질 하늘나라를 사모했다.

이 '때'는 공허했던 미래가 우리의 삶으로 채워지듯이 우리 삶이 어떤 영원한 것으로 채워지는 시간이다. 우리가 겪는 영적 체험은 그 사태를 역사적 현실로 받아들이는 것이다.

그러므로 신앙의 핵심인 영적 체험은 시간의 연장선에서 자연스럽게 이루어지는 것도 아니며 윤리나 도덕적 상태에서 성사되는 것도 아니다. 역사적인 사실로 어떤 시간 중 때를 타고 나타나는 제3자와의 관계에서 이루어지는 것이다.

영적 체험을 시간 속에 나타나는 영원한 것으로 깨닫는 사람들은 그것을 시간의 과거와 미래를 초월한 영원한 것이 나타나는 삶의 역사적 사건으로 받아들인다. 시간의 연장이 평면에서 이루어지는 것이라면 영적 체험은 위로부터 '때'라는 시간 선상에서 벌어지는 것이다.

성경에서 카이로스(kairos, 의미있는 시간이나 기회)라는 때의 관념을 강조하는 것은 그 때문이다. 이때 카이로스로서의 시간은 어떤 사건이 시간의 빈 그릇 속에 거듭난 삶의 형태로 주어지는 것이다. 그런 뜻에서 기독교는 새로운 시간관을 찾아 오늘에 이르고 있다. 시간과 영원의 관계가 기독교의 핵심 과제가 되는 것이다. 하나님의 때가 인간의 시간 속에 영원을 깃들게 하는 것이다.

김태길

앞만 보고 달리는 가운데

자신도 모르는 사이에 우리는 모두 치열한 경쟁 상황 속에 던져져 있다. 경쟁인 까닭에 남을 앞질러야 하고, 앞질러야 한다는 강박 관념에 쫓겨, 도대체 무엇을 위한 경쟁인지 생각할 겨를도 없이 행동에 나선다. 이렇게 목적도 모르고 행동을 서두르다 보면 우리는 종종 나 자신의 정체(正體)마저 잃고 허둥대게 된다.

경쟁 속에서 앞을 다투는 사람들은 대체로 계절에 민감하다. 앞을 다툰다는 것은 시간을 다투는 것이며 계절은 시간에 붙은 이름이기 때문일 것이다. 그런데 여기서 역설적인 현상이 생긴다. 계절에 너무 민감한 까닭에 도리어 계절을 잃어버리는 역리(逆理)에 빠지는 것이다. 나 자신에 대한 지나친 애착이 도리어 나를 잃는 결과를 가져오는 모순과 비슷한 역설적 현상이다.

항상 남을 앞지르려고 기를 쓰는 우리는 흔히 계절도 앞당겨 쓰는 꼴이 되곤 한다. 한겨울에 봄을 맞이하고 봄이 되면 여름을 살기에 바쁘다. 우리는 한여름에 가을맞이를 서둘러야 하고, 가을이 되면 겨울을 이야기해야 한다.

우리나라 풍토에서 참외와 수박이 한물을 맞이하는 계절은 본래 중복 전후였다. 참외와 수박이 가장 맛있는 것도 삼복더위와 때를 같이한다. 그래서 참외와 수박은 한여름에 먹는 과일로 되어 있었다. 그러나 지금은 사정이 다르다. 오늘날 행세를 하려면 한여름이 되기 훨씬 전에 참외와 수박을 먹어두어야 한다. 가장 자랑스러운 것은 겨울에 참외와 수박을 먹는 것이지만, 그렇게까지는 못하더라도 늦은 봄이나 이른 여름쯤에는 그것들을 먹어야 낙오자가 아니다. 물론 때 이른 과일이 제맛이 날 리는 없지만 사람들은 낙오자가 되면서까지 맛있는 과일 먹기를 원치 않는다.

우리나라에서 복숭아가 한창 익을 때는 대체로 8월 중순 이후지만, 그때가 되면 복숭아는 벌써 귀중한 과일로서 가치를 상실한다. 복숭아가 가장 대접을 받는 것은 제맛이 나기 이전이다. 제대로 익은 복숭아가 쏟아져나올 무렵이면 사람들은 복숭아를 외면하고 때 이른 포도를 찾는다.

제때가 되어 맛있게 익은 과일은 선물용으론 더욱 적합하지 않다. 물건이 흔치 않고 값이 비싸야 선물로서 빛이 난다고 생각하는 경향이 압도적인 까닭에, 한물이 들어 쏟아져나와 가격이 떨어진 과일은 선물로 환영받기 어려운 것이다. 선물을 보내는 사람이나 그것을 받는 사람이나 물건의 실질적 가치보다도 시장 가격을 더욱 중요시한다는 점에서 모두 금전 문화의 시민임을 입증한다.

잡지사의 편집실과 그 청탁을 받고 글을 쓰는 문필가들도 계절을 앞당겨서 독자들과 만나야 한다. 시기에 뒤떨어진 잡지는 상품 가치가 없는 까닭에 월간 잡지 편집실은 한 달 반쯤 전부터 다음호를 준비해야 한다.

그래서 삼복더위 한가운데서 '가을 특집'을 꾸며야 하고, 필자들은 섭씨 30도가 넘는 무더위 속에서 '가을밤에 쓰는 인생론'을 엮어야 한다. 정말 가을이 되고 그 가을 한복판에서 충실하게 쓰인 글은 잡지의 '가을 특집'을 위한 글로는 이미 때가 늦다. 가을에는 겨울을 주제로 삼는 글을 써야 한다.

'앞만 보고 달려라!' 이것은 오늘날 젊은이들에게 매우 호소력이 강한 처세훈이다. 그리고 실제로 대부분의 젊은이들은 앞만 보고 정신없이 달린다. 남에게 뒤져서는 안 된다는 생각에 쫓기며 앞으로 앞으로 달린다.

앞으로 앞으로 달리고자 하는 것은 젊은이들의 젊은이다운 기백에 연유하는 자연스러운 태도이며, 남에게 뒤떨어지기 싫은 것은 경쟁적 상황에 던져진 인간 심리의 당연한 반응이다. 앞으로 달리고자 하는 의욕을 상실하고 남에게 뒤떨어지는 것을 저항 없이 받아들이는 젊은이가 있다면, 그는 정상인의 범주를 벗어난 문제의 인물이라고 보아도 무방할 것이다.

그러나 앞날에 대한 성급함이 지나쳐서 오늘의 현재가 허공에 뜬다면 무지개를 쫓는 가운데 길을 잃은 어리석은 소년의 처지가 될 것이다. 그리고 우리에게 가장 중요한 것은 우리 가운데 누가 앞서 있고 누가 뒤처져 있느냐 하는 상대적 관계가 아니라 우리가 어떤 삶을 살고 있느냐 하는 절대적 내실(內實)이다.

앞으로 향한 질주는 정당한 목적과 결합할 때 비로소 값진 것이 되고, 내일에 대한 관심은 오늘에 대한 충실과 결합할 때 건전한 발전을 약속하는 포석이 된다. 그러므로 우리는 삶의 정당한 목적이 무엇인가를 거듭 생각하기 위하여 가끔 걸음을 멈추고 자신을 돌아보아야 하며, 오늘의 현실에 충실하기 위하여 마음의 한 자락은 항상 안으로 돌려야 한다.

젊은이들이 지나치게 앞길만을 서두르는 경향에 대하여 우려를 느끼는 일부의 기성세대는 '슬기롭던 옛날'로 돌아가자고 목청을 높인다. 조상들이 세운 전통 속에 담긴 지혜를 오늘에 되살리면 현대를 괴롭히는 여러 가지 어려운 문제들을 풀 수 있는 실마리가 발견될 것이라고 막연한 기대를 표명한다.

미래를 서두르는 젊은이들의 행방에 옳은 일면과 그른 일면이 있듯이, 과거에 애착하는 일부 기성세대의 생각에도 옳은 일면과 그른 일면이 있다. 미래로 달리는 젊은이들의 옳은 감각과 과거에 애착하는 기성세대의 옳은 생각이 만나는 곳, 그것이 바로 오늘의 이 현실이다.

오늘의 이 현실을 바로 보고 오늘의 이 현실을 출발의 발판으로 삼을 때, 젊은 세대와 기성세대는 공동의 언어를 발견하게 될 것이다. 이 공동의 언어를 발견하는 일은 신구 두 세대가 역사의 계주자 (繼走者)로서 협동하기 위해서 마련해야 할 최초의 준비 과정이다.

때를 알고 올바로 행동하는 지혜

인생의 자본 가운데 가장 중요한 것은 시간이다. 우리는 시간이라는 밑천을 가지고 살아간다.

죽음이란 무엇인가. 이 시간 밑천이 다 떨어지는 것이다. 젊었다는 것은 무엇인가. 시간 밑천이 많다는 것이다. 늙었다는 것은 무엇인가. 시간 밑천이 얼마 남지 않았다는 것이다. 인생은 곧 시간이다. 인생에서 시간처럼 귀한 것은 없다.

서양에서는 '시간은 돈(Time is money)'이라는 명언을 통해 시간의 귀중함을 표현한다. 그러나 사실 시간은 돈 이상이다. 돈 주고도 사지 못하는 것이 시간이다. 우리는 돈만 있으면 뭐든지 살 수 있다고 생각한다. 큰집도 사고 보석도 사고, 자동차도 사고 좋은 옷도 산다.

돈은 만능인 것 같다. 그러나 돈도 시간 앞에서는 아무런 힘이 없다. 천만금을 주어도 단 1초조차 살 수 없다. 시간은 분명히 돈 이상의 것이다.

시간의 신은 가장 공평하다. 누구에게나 똑같이 하루 24시간이 부여된다. 부자라고 더 주어지는 것도 아니요, 지위나 권력이 높다고 더 많은 시간을 배당받는 것도 아니다. 시간 앞에는 특권 계급이 없다. 시간을 잘 써야 성공하고 사회에서도 큰일을 한다. 시간을 낭비하면 인생에서도 패배하고, 사회에서도 큰일을 하지 못한다.

낭비 중에 시간 낭비처럼 나쁜 것은 없다. 돈은 없다가도 있을 수 있고, 있다가도 없을 수 있다. 부지런히 일하고 아껴 쓰면 적지 않은 돈은 벌 수 있다. 돈 낭비는 시간 낭비에 비하면 아무것도 아니다.

그러나 한 번 가버린 시간은 다시 찾을 길이 없다. 시간의 화살은 되돌아오지 않는다. 오늘은 두 번 다시 오지 않는다. 현재는 순간적으로 사라진다. 오늘은 영원 속의 오늘이요, 현재는 영원 속의 현재다. 우리는 시간을 아껴 써야 한다. 인생에서 무엇보다 아껴 써야 할 것은 시간이다.

미국의 유명한 외교관이요 과학자였던 벤저민 프랭클린은 이렇게 역설했다.

"만일 네가 네 인생을 사랑한다면 네 시간을 사랑하라. 왜냐하면 인생은 시간으로 구성되어 있기 때문이다."

그렇다. 태양이 열로 구성되어 있듯이 인생은 시간으로 구성되어 있다. 중국의 옛 어른은 '일촌광음불가경(一寸光陰不可輕)'이라고 읊었다. 잠깐 동안의 시간이라도 가볍게 생각하지 말라는 뜻이다. 티끌 모아 태산이요, 촌음(寸陰)이 모여 천년을 이룬다.

"세월부대인(歲月不待人)." "Time and tide wait for no man." 세월은 사람을 기다리지 않는다. 이것은 동서양에 모두 있는 격언이다.

인생에서 가장 중요한 것은 때를 잘 알고 쓰는 것이다. '지금 나는 무엇을 할 때인가'를 잘 알고, 올바로 쓰는 것이 인생의 지혜다.

일할 때가 있고 놀 때가 있다. 말할 때가 있고 침묵할 때가 있다. 공부할 때가 있고 쉴 때가 있다. 밭을 갈 때가 있고 추수할 때가 있다. 울 때가 있고 웃을 때가 있다. 나설 때가 있고 물러설 때가 있다. '예'라고 할 때가 있고 '아니오'라고 할 때가 있다. 인생에서 가장 중요한 것은 그 때를 알고 올바로 행동하는 것이다. 이것을 적시성(適時性)이라고 한다.

똑같은 말이라도 살 때가 있고 죽을 때가 있다. 힘이 있을 때도 있고 없을 때도 있다. 그것의 판단기준은 바로 때에 맞느냐에 달렸다. 모든 일에는 적시성이 있다. 적시성을 얻은 행동은 옳은 행동이요, 적시성을 잃은 행동은 그릇된 행동이다. 적시성을 요즘 말로 하자면 타이밍이 될 것이다.

우리는 또한 때를 기다릴 줄 알아야 한다. 한문에서는 때를 아는 것을 지기(知機)라 하고, 때를 기다리는 것을 대기(待機)라고 한다. 우리는 기다리는 것을 배워야 한다.

세상의 많은 실패는 때를 기다리지 않고 조급하게 서두르는 데서 온다. 우리는 기다리는 지혜를 가져야 한다. 기다릴 줄 아는 사람이 성공한다.

때가 무르익기를 기다리는 인내력이 필요하다. 그리고 적절한 때가 오면 용감하게 행동해야 한다. 때는 자주 오는 것이 아니다. 좋은 기회는 늘 있는 것이 아니다. 기회를 놓치는 것을 우리는 실기(失機)

라고 한다. 한 번 놓친 기회는 영원히 돌아오지 않을 수도 있다.

전쟁과 같은 비상시에 우리는 그런 경우를 종종 본다. 천재일우
(千載一遇)란 말이 있다. 천년에 한 번밖에 오지 않는 기회를 만난다
는 뜻이다. 이것은 기회의 중요성을 강조한 말이다. 인생 만사 때를
알고 기회를 볼 줄 알아야 한다.

인생에서 가장 중요한 것은 때요, 시간이요, 기회다. 우리는 시간
을 아껴 쓰는 동시에 때를 볼 줄 알고, 때를 기다릴 줄 알아야 하며,
때가 오면 용감하게 행동할 줄 알아야 한다. 그것이 때에 관한 인생
의 지혜다.

말(언어)

김형석

말(言語)이 고향이다

70여 년 전 내가 일본에서 대학생활을 하고 있을 때 학생들이 즐겨 읽은 책 중 하나는 두 권으로 된 '쾨베르 박사 수필집'이었다.

저자 라파엘 쾨베르(Raphael Koeber) 교수는 그 당시 도쿄대학교에 철학과가 생기면서 독일에서 초청을 받아온 철학자였다. 국적은 러시아지만 독일에서 자라 교육을 받고 철학 교수가 되었기 때문에 언제나 독일인으로 자처했다.

그는 철학뿐 아니라 문학, 예술, 종교 등에도 조예가 깊었고 특히 피아노를 수준급으로 연주하는 사람이기도 했다. 일본에서는 음악다운 음악을 접할 수 없어 자신이 가진 악보들을 통해 음악을 감상했다고 말할 정도였다.

결혼하고 가족이 생기면 정신적 자유를 구속받는다는 이유로 독신생활로 만족했다. 소유에 관한 집착에서 벗어나기 위해 재산을 모으지 않은 것은 물론이고 최소한의 필수품으로 정신적 풍요로움을 대신하며 살았다. 그는 고독을 벗삼아 객지에서 세월을 보내다가 세상을 떠난 자유로운 지성인의 한 사람이었다.

그는 책에서는 물론 제자들과의 대화에서도 자주 고향 얘기를 꺼내곤 했다. 자신의 고향은 독일이라면서 독일의 자연과 숲이 우거진 산책로, 인구가 10만 명만 되면 어느 도시에서나 도서관의 장서로 만족할 수 있고 계절을 따라 원하는 음악도 감상할 수 있는 환경, 또 어디서나 수준 높은 대화를 즐길 수 있는 친구들, 시간을 내어 찾아가기만 하면 늘 열려 있는 대학의 도서관과 연구시설, 언제나 접할 수 있는 학계와 예술계의 인사들, 그런 것들을 다 뒤로하고 왔기 때문에 자신은 더욱 고향 생각을 하게 된다는 것이었다.

하루는 제자들이 "당신은 언제나 고향을 그리워하면서 지내는데 도대체 당신의 고향은 어디입니까?" 하고 물었다. 그는 잠시 침묵을 지키다가 자신의 고향은 '독일 말'이라고 대답했다. 어떤 공간이나 자라난 장소를 예상했던 제자들은 약간 의아함을 느꼈다.

한편으로 생각해보면 평생 독일어를 쓰다가 일본에 와서 독일어로 대화할 기회가 사라졌고 숙소인 러시아 영사관에서도 독일어를 사용할 일이 드물었을 테니 그럴 만도 했다. 독서나 글을 쓸 때는 더 품위 있는 독일어와 요사이 쓰는 독일 말도 접하고 싶은 심정이었을 것이다. 그 옛날이니 지금처럼 쉽게 독일을 찾아갈 수도 없고, 동양에서 독일어 회화는 더욱 어려웠으리라. 혼자 있는 시간을 즐기는 성격이어서 한층 더 그런 분위기에 젖어 있었음에 틀림없다.

한때 러시아를 대표했고 노벨문학상을 받은 러시아의 작가 솔제니친도 공산정권에게 자신을 러시아 밖 다른 나라로 추방하지는 말아달라고 애원했다는 일화가 있다. 러시아 말을 떠나서는 자신의 정신적 토양을 찾을 곳이 없었기 때문이다. 그도 망명을 강요당했을 때는 러시아어 큰 사전을 갖고 떠났다고 전해들었다.

자기 나라의 말은 고향에서 사는 동안에는 햇볕이나 공기와 같아 삶의 내용이 된다는 것을 느끼지 못한다. 그러다가 고향을 떠나게 되면 그 말들이 생활의 요소였음을 발견하게 된다.

내가 미국 서남부 플로리다에 갔을 때 한 교포 노인이 하던 말이 기억난다. 그는 아들의 직장을 따라 이곳까지 오기는 했으나 상황이 허락된다면 한국말을 하며 살던 LA에라도 가서 지내는 것이 소원이라고 했다. 노인은 지성인다운 표현은 하지 못했으나 말이 고향이라는 사실은 느끼고 있었던 것 같다.

서울에 살면서도 같은 고향 사람들과의 대화는 더 정겹게 느껴지고 그 말 속에서 고향 냄새가 풍기는 것은 어쩔 수 없는 사실이다.

언젠가 내 강연을 들은 한 노인이 "김 선생 사투리를 들으니까 고향 생각이 납니다"라고 말한 적이 있다. 말 속에 고향이 스며들어 있었던 것이다.

생각해보면 말이 고향이기도 하다.

오래전 미국에 갔을 때였다.

미국 여인과 결혼해 사는 한 제자를 만났다. 그와 스스럼없이 대화를 나누는 중에 그가 이런 얘기를 했다.

외국 여자와 연애하는 것은 괜찮은데 결혼생활은 힘들다는 내용이었다. 정신 및 정서적 손해가 크기 때문이라는 것이다. 아내가 미국인들과의 미팅이 있어 따라가면 자기가 외톨이가 되고, 자기가 한국인들과의 모임이 있어 아내가 따라오면 아내 또한 만족하지 못한다는 것이다. 그래서 아내는 자기 친구들을 찾아가 어울리고 자신은 한국 친구들과 술자리를 함께하는 경우가 점차 늘어난단다. 그럴 때마다 발견하는 것은 언어의 장벽이 두 사람 사이를 가로막는다는 고백이었다. 자기는 한국어가 100인데 영어는 50밖에 되지 못하고, 아내는 영어가 100인데 한국어는 0이라는 것이다. 그러니까 50을 가지고 살아야 하는 피곤함과 한계가 언제나 정서적 공백을 만들고 있다는 지적이었다. 생각은 같은데 정서의 차이는 어쩔 수 없고, 더 큰 거리감은 말에 있는데 그 간격이 좁혀지기보다는 더 넓어지기 때문에 어려움이 따른다는 얘기였다.

부부싸움을 하게 되면 자기는 영어가 부족하니까 마침내는 한국말로 욕을 한단다. 욕설이 터지면 점점 더 심한 원색적인 욕을 퍼붓게 된다. 아내는 알아들을 수 없으니까 말똥말똥 눈치만 살피면서 반응이 없다. 그러다가는 "못살아 먹겠다"가 무슨 뜻이냐고 묻는단다. 그 말을 자주 들었기 때문이다. "알 필요 없어"라고 쏘아붙이면 "그 뜻을 알아야 내가 고칠 것 아니냐"고 따지고 든다.

어떤 때는 참을 수 없이 화가 나기도 한다. 아내는 흥분하지도 않고 그의 눈치를 살피면서 '왜 저러나?' 하는 표정을 짓는다. 그때는 밖으로 나가버리든가 접시를 마룻바닥에 내던져 화풀이를 해본다. 그래도 아내는 말없이 서서 왜 그럴까 하는 냉정함을 잃지 않는다. 그러다가 값비싼 접시를 슬그머니 장 안쪽으로 옮겨놓는다. 아내에게는 돈이 더 중요했는지 그것만은 지켜야겠다는 생각이 든 것이다. 부부싸움이 끝나면 "아무것도 묻지 마, 커피세트까지 부숴버릴지 모르니까"라면서 서재로 들어가 문을 잠근다. 결국은 자기가 진 셈이 된다. 솔직히 부부싸움에서 이겨본 적이 없다는 하소연이었다.

그 제자는 한국에서 의사가 되어 미국으로 건너갔다가 영주하게 되었다. 그러니까 필요한 영어만 써왔지 생활 영어에는 익숙하지 못했던 것이다. 제자의 얘기는 말의 거리가 생각과 정서의 거리가 되고 그것들이 삶의 거리를 더 발견하게 해준다는 것이다. 그렇다고 아내에게 한국말을 가르치거나 배우라고 강요할 수도 없다. 자기가 영어를 더 풍부하게 넓혀가야 한다. 그 기간이 한 평생에 걸친다면 자기는 결국 미국인이 되기 위해 한국적인 것을 조금씩 멀리하게 되고 심하게 표현하면 자기 상실의 길을 밟게 될지도 모르겠다고 했다.

이 경우는 또 하나의 고향 상실 병의 사례다. 말의 상실이 고향 상실이 되고, 고향 상실은 자기 상실로 이어질 수도 있다. 역시 말은 소중한 고향의 한 요소였던 것이다.

밴쿠버는 캐나다는 물론 세계적으로도 가장 아름답고 살기 좋은 곳으로 알려져 있다. 밴쿠버에는 오래된 한인 교회가 있다. 대부분의 교인들은 교회를 하나의 생활 센터로 여기며 살아간다. 북미 지역 어디서나 볼 수 있는 현상이다.

한인교회의 목사를 통해 들었던 이야기 하나가 생각난다.

그가 담임하고 있는 90~100가구 중에 남편이 일찍부터 캐나다의 기술자로 공무원이 된 가정이 하나 있었다. 산림학을 전공했기 때문에 밴쿠버시에서 두 시간 정도 차로 달려야 하는 산촌에 거주하면서 산림을 돌보고 연구하는 직책을 맡고 있었다. 그 고장에서 동양인이라고는 그 한국 가정이 유일했다. 부인은 가사를 돌보고 자녀들은 그곳 학교에 다녔다. 정신적으로 가장 외롭게 지내는 사람은 그 기술자의 아내였다. 그런대로 충분하지 못한 영어로 이웃을 대하며 가끔씩 학교에서 봉사를 하는 경우도 생겼다. 그래도 저녁 때 남편이 돌아와 한국말로 대화를 나누다보면 마음이 편해지곤 했다. 애들은 한국어보다 영어로 생활하는 것이 훨씬 편한 것 같았다.

그 부부가 가장 행복한 날은 일요일이었다. 조반을 끝내고 차로 두 시간 이상을 달려 밴쿠버까지 온다. 교회에서 예배를 드리고 나면 교우들과 함께 식사를 하고 자유로운 시간을 갖는다. 친지들을 만나기도 하고 고향 사람들과 지나간 이야기에 꽃을 피운다. 오후에도 다시 예배를 드린다. 예배가 끝나면 교우들이 모두 집으로 돌아가 다음 한 주 동안 할 일을 준비하고 계획한다.

그날은 이 부부에게 가장 행복하고 즐거운 하루다. 무엇이 그 편안함을 만들어주었을까. 고향이라는 분위기다. 떠나 있던 고향의 정취를 느껴보는 하루였던 것이다. 서투른 외국어로 지내다가 냇물이 흐르듯이 유창하게 흘러나오는 우리말을 구사할 수 있었던 것이 이 부부에게 고향의 숨결과 정취를 일깨워주었던 것이다. 그들은 그 즐거움과 행복감 때문에 일요일을 기다렸고 비가 오나 눈이 내리나 먼 거리를 왕복했던 것이다.

그러던 부부가 얼마 뒤부터는 교회에 나가지 못했다. 한 달에 두 차례 나오다가 한 번밖에 못 나오는 때도 있었다. 그때마다 부인의 건강이 쇠약해지는 것 같았다. 마침내는 남편 혼자 예배를 끝내고 서둘러 귀가하는 날이 많아졌다.

부인은 교회에 다시 나올 수 없을 정도로 병세가 악화되었다. 그래서 목사는 한 달에 두세 번씩 그 가정을 방문해 위로도 하고 가정예배를 드리는 일을 계속했다. 부인이 너무 애타게 기다리는 시간이었기에 때로는 시간을 내어 몇 교우들이 동행하기도 했다. 그럴 때마다 부인은 행복과 감사의 정을 누를 길이 없었다.

세월이 흐를수록 부인의 건강은 쇠잔해졌다. 하루는 부인이 목사와 몇 사람에게 말했다. 한 번만이라도 서울에 있는 동대문시장 같은 데 가서 한국 사람들이 우리말로 떠들어대는 모습을 보면서 그 속에 끼어들었으면 좋겠다는 얘기였다. 그 부인도 어렸을 때는 시장의 아낙네들이 떠들어대는 것을 듣고는 시끄럽다고 생각했을지 모른다. 그러나 지금은 그 분위기, 삶의 모습이 애타게 그리워진 것이다. 그것이 사라져가는 고향이었기 때문이다.

그 말을 남긴 지 얼마 안 되어 그 부인은 객지에서 삶을 마쳤다.

왜 목사는 나에게 그런 얘기를 했을까. 목사의 가족들은 모두가 캐나다에 살고 있다. 그러나 목사 자신의 고향은 한국이고 서울이었다. 그가 떠나온 고향에는 무엇이 남아 있을까. 나를 나답게 한 것들이 남아 있을 것이다. 그 하나는 역시 나를 키워주고 있게 한 말이다. 내 말이고 우리 말이다.

생각해보면 말이 내 고향이었던 것이다.

김태길

말의 모자람을 느낄 때

나는 그림에 대한 소질을 타고나지 못했다. 소년 시절에 닭을 그리면 오리 모양이 되었고, 백합을 그리면 호박꽃에 가깝게 보였다. 미술가를 부러워했지만 화가의 길로 들어서지 않은 것은 참 잘한 일이다. 마음속에 있는 생각을 정확한 말로 나타내는 일은 나에게는 닭이나 백합의 모습을 그리기보다 더 어렵다. 정확할 필요가 없는 말, 이를테면 '안녕하십니까' 따위의 의례적인 인사말이나 그 밖의 어떤 허튼소리라면, 별로 부담 없이 지껄일 수가 있다. 그러나 정확한 표현이 요구될 경우에 적합한 언어를 찾아낸다는 것은 생각보다 훨씬 어려운 일이다.

그런데 나는 말을 많이 사용하는 직업에 종사하고 있다. 말 가운데서도 가장 정확성을 요구하는 철학의 길을 택한 것이다. 어릴 때 말을 몹시 더듬어서 말을 적게 하는 직업을 원했는데, 어쩌다 엉뚱한 길로 들어선 꼴이 되었다.

말을 일삼는 직업을 가진 탓으로 신문 또는 잡지의 기자로부터 '인터뷰'를 요청받을 경우가 있다. 기록되어 세상에 공개될 대담이다. 정확한 말을 구사할 자신이 없으니 사양해야 옳겠지만, 세상 사는 도리가 그렇게 간단하지 않다.

혹시라도 무엇인가 할 말이 있을 것 같기도 하고, 심지어 어떤 말을 할 의무조차 있을 것 같아서 대담의 자리에 마주 앉는다. 그렇지만 막상 말문을 열게 되면 생각과 딱 맞아떨어지는 말을 찾기가 어렵다. 시간은 흐르게 마련이고, 별로 값어치도 없는 말을 이어가는 가운데 인터뷰는 끝을 내야 한다.

삶의 지침으로 삼는 좌우명이 무엇이냐는 질문을 받을 때가 있다. 우리 집 가훈을 간단하게 소개하라는 원고 청탁을 받기도 한다. 그러나 나에게는 말로 된 좌우명도 없고, 우리 집에는 말로 된 가훈이 없다. 명색이 윤리학자인데 좌우명 하나 없고 가훈조차 없다니 말이 아니다. 70년 가까운 세월을 아무런 원칙도 없이 마구잡이로 살아왔을 리는 만무하다. 직업이 대학 교수라면서 원칙도 없이 아이들을 길러왔다 해도 말이 안 된다. 바로 그 '원칙'을 말로 집어내면 좌우명이 되고 가훈도 될 것이다. 그러나 나는 아직 그 말을 찾지 못했다. 생각이 좀 있기는 하나 그것이 분명하지 못하기 때문일까. 아니면 생각이 말보다 복잡하고 미묘하기 때문일까.

인간의 마음 가운데서 가장 복잡하고 미묘한 것은 감정의 심리가 아닐까 한다. 감정 가운데서도 특히 깊고 오묘한 것이 '사랑'이라는 감정일 것이다. 사랑의 색깔은 태양의 빛과 구름의 그림자를 반영하여 시시각각으로 변하는 바다의 표면보다도 영롱하고, 사랑의 마음은 필리핀 동방에 자리한 엠덴 해연(海淵)보다도 밑이 없다.

내가 누구에게 '사랑한다'는 말을 건넨 적이 있는지 기억에 없다. 우리 조상들은 '사랑한다'는 말을 좀처럼 입 밖에 내지 않은 것으로 보인다. 그들에게 사랑이 없었기 때문이 아니라, 그것이 형언하기 어려운 심정임을 알았기 때문일 것이다. 말로 전할 수 있는 사랑보다도 전할 수 없는 사랑이 더 깊은 심정이 아닐까 한다. 마음은 끝이 없는데 말은 사물 또는 생각에 한계선을 긋는다.

'사랑한다'는 말로는 부족하다고 느끼기 때문에 이 말을 입 밖에 내지 않을 경우에는, 다른 말 또는 말 아닌 무엇으로 그 마음을 전한다. 우수에 잠긴 시선으로 전하기도 하고, 행주치마 끝을 입에 물고 전하기도 한다. 가장 사정이 딱한 것은 사랑할 처지가 못 되는 사람에 대해서 느끼는 사랑이다. 그럴 때는 아닌 척하는 수밖에 도리가 없다. 아닌 척해도 속마음을 들킬 때가 있다. 난처한 상황이기는 하나, 이것이 사람 사는 모습이거니 하며 넘어간다.

요즈음 젊은이들 사이에서는 '사랑한다'는 말이 흔히 쓰이는 모양이다. 아마 서양말의 영향도 있을 것이고 사고방식의 변화도 있을 것이다. 어쨌든 유행가 노랫말이나 텔레비전 연속극 등에서 '사랑한다'는 말과 자주 만난다. 상대편의 마음이 못미더워서 "당신 정말 나를 사랑해요?"라고 물어보기도 하고, 묻지도 않는데 마치 약속어음에 도장을 누르듯이 '사랑한다'는 말에 감정을 싣기도 한다. 분명한 말로 의사를 밝히는 것이니 속시원해서 좋은 면도 있고, 말에는 거짓이 있을 수도 있어서 순진한 사람이 피해를 입는 폐단도 있을 법하다. 아마 옛 풍속에도 일장일단이 있고, 새로운 풍속에도 일장일단이 있을 것이다.

약속어음을 함부로 끊는 사람은 부도를 낼 염려가 있듯이, '사랑한다'는 말을 엽차 마시듯이 자주 하는 사람은 믿음성이 적다. 진실로 사랑하는 마음이 있어서 그것을 말로 나타내는 것이라면 나쁘다고 볼 이유가 없다. 그러나 꼭 필요한 때가 아니면 깊은 마음을 함부로 입 밖에 내지 않는 편이 좋을 것 같은 생각이 든다. 구세대의 생각에 지나지 않을지도 모르지만.

명랑한 사회를 만들기 위해서 '고맙다'는 말을 자주 쓰자고 가르치는 사람들이 있다. 좋은 의견 같아서 나도 그 말을 자주 쓰는 편이다. '사랑한다'는 말과는 달라서, '고맙습니다'라는 말은 좀 헤프게 써도 좋으리라고 생각한다.

그런데 아주 크게 고마울 때는 '고맙습니다'라는 말도 잘 나오지 않는다. 다른 사람들도 그런지 물어본 적이 없어서 모르겠으나, 나는 가끔 그런 경험을 한다. 아주 가까운 사람에게는 특히 그 말이 잘 나오지 않는데, 그것 역시 내가 구세대 사람이기 때문인지 궁금히 여기면서도 아직 젊은 세대에게 물어보지 않았다.

말이라는 것이 마음을 전달하기에 충분한 연장은 못 되지만, 그래도 편리한 것임에는 틀림이 없기에 자주 쓰게 된다. 이 글을 쓰는데도 별수 없이 말의 신세를 지고 있거니와, 말로 생각을 그리기란 역시 어려운 일이라는 것을 거듭 느낀다.

안병욱

진실의 언어가 사람을 움직인다

"태초에 말씀이 계시니라 이 말씀이 하나님과 함께 계셨으니 이 말씀은 곧 하나님이시니라."

요한복음 첫머리에 나오는 힘찬 말이다. 동물에게는 언어가 없다. 인간만이 언어를 갖는다. 인간은 로고스(말)를 갖는 동물이다. 인간을 동물과 구별하는 가장 근본적 특색은 말이요, 언어요, 로고스다. 말은 신이 인간에게 준 위대한 보배요, 놀라운 무기요, 탁월한 능력이요, 뛰어난 자본이요, 비상한 도구다.

말은 생각을 담는 그릇이요, 사상과 감정을 표현하는 소리요, 뜻을 나타내는 음성적 부호다.

인간이 만물의 영장이 된 근본은 말 때문이다. 말은 3대 특성을 지닌다.

첫째로 언즉인(言卽人), 즉 말은 사람이다. 우리는 말을 통해서 자기를 표현한다. 말은 그 사람의 인격의 표현이다. 참된 사람은 참된 말을 하고, 거짓된 사람은 거짓된 말을 한다.

그 사람을 알려면 그 사람의 말을 들어보라. 말 속에 사람이 있다. 말은 인물의 척도다. 말의 깊이는 사람의 깊이를 나타낸다.

인간에게 말을 제거해보라. 무엇이 남겠는가. 인간에게서 언어를 없애면 지상에서 가장 무력한 존재로 전락한다. 인간을 인간답게 하는 근본은 말에 있다. 언(言) 없는 인(人)은 인이 아니다.

둘째로 언즉혼(言卽魂), 즉 말은 얼이다. 말 속에는 뜻이 있고, 얼이 있고, 생각이 있고, 시상이 있고, 정신이 있다.

말은 얼의 외침이요, 생명의 소리요, 영혼의 음성이다. 위대한 혼이 위대한 말을 한다. 아름다운 혼이 아름다운 말을 한다.

말은 사상(思想)의 의상(衣裳)이다. 우리는 말 속에 깊은 생각을 담는다. 말에는 생어(生語)와 사어(死語), 즉 살아 있는 말과 죽은 말이 있다. 무의미한 말은 죽은 말이다. 깊은 뜻이 있고 옳은 생각이 담긴 말이 살아 있는 말이다. 죽은 말을 하지 마라. 살아 있는 말을 하라.

셋째로 언즉력(言卽力), 즉 말은 힘이다. 말 속에는 사람을 움직이는 힘이 있고, 나라를 움직이는 힘이 있고, 역사를 움직이는 힘이 있고, 천지를 움직이는 힘이 있다. 말처럼 위대한 힘은 없다.

그리스도의 말씀을 듣고 천하의 만민이 그를 따랐다. 패트릭 헨리(Patrick Henry)의 사자후(獅子吼)가 미국 독립의 원동력이 되었다. 도산의 대웅변이 실의와 좌절에 빠진 한국 국민에게 분발력과 용기를 주었다.

진실의 말씀은 우리의 폐부를 찌른다. 신념의 말씀은 우리의 심금을 울린다. 정열의 말씀은 우리의 가슴을 뜨겁게 한다. 사랑의 말씀은 우리의 눈시울을 적신다. 위로의 말씀은 우리의 마음을 평안

케 한다. 용기의 말씀은 우리의 심장을 뛰게 한다. 지혜의 말씀은 우리에게 광명을 준다. 감사의 말씀은 우리의 심정을 따뜻하게 한다. 참회의 말씀은 우리 영혼에 감동을 준다. 격려의 말씀은 우리에게 새로운 힘을 준다.

말은 사람이다. 말은 얼이다. 말은 힘이다. 그러므로 우리는 말을 갈고 다듬고 키우고 살려야 한다.

말에는 세 가지 종류가 있다. 첫째는 입에서 나오는 말이요, 둘째는 머리에서 나오는 말이요, 셋째는 가슴에서 나오는 말이다.

입에서 나오는 말은 얕은 말이다. 우리는 그런 말을 감언이설(甘言利說)이라고 하고, 입에 발린 말이라고 한다. 그래서 공자는 "교언영색선의인(巧言令色鮮矣仁)"이라고 갈파했다. 꾸미는 말과 꾸미는 표정은 진실성[仁]이 적다[鮮]는 뜻이다.

머리에서 나오는 말은 생각하고 하는 말이다. 이런 말은 논리를 내포하고, 이론이 있고, 재담이 되고, 기지가 되고, 고담준론(高談峻論)이 되고, 갑론을박(甲論乙駁)의 토론이 된다.

가슴에서 나오는 말은 우리에게 감명과 감동을 준다. 마음에도 없는 말은 아무 힘을 주지 못한다. 진심에서 우러나오는 말씀만이 힘이 있고, 생명이 있고, 감격이 있다.

진실의 언어만이 인간을 움직이고 우리에게 빛을 준다.

4부

진리의
열매들

자유

김형석

사랑이 뒷받침된 자유와 평등

인간의 역사는 자유와 평등이 대립 혹은 갈등하면서 전개되어왔다. 자유를 따르다 보면 삶의 상하관계가 벌어지며 계층의식이 생기기 마련이다. 그렇다고 평등을 강조하게 되면 자유를 요구하고 갈망하는 사람이 생기며 사회발전이 늦어질 수 있다.

그래서 그 시대와 사회상에 따라 자유를 앞세우기도 하고, 평등을 담보하는 제도가 나타나기도 한다. 무한의 자유를 허용하는 나라도 없을 뿐 아니라 평등을 최선의 가치로 인정하는 제도도 받아들여지지 않는다.

이때 자유의 지나친 편중을 통제하는 기능을 담당하는 것이 정의다. 정의의 규범과 질서에 어긋나는 자유는 사회적으로 용납될 수 없다고 본다. 그런가 하면 평등을 지키는 데 필수적인 사고와 가치관도 정의다. 정의로운 사회가 곧 평등한 사회라고 보는 것이다.

자유로운 사회에서는 정의가 자유를 구속하거나 자유로운 선택을 규제하지 못하는 방향으로 가기 쉬우나, 평등을 앞세우는 사회에서는 정의가 더 안전하고 공정한 평등의 방향으로 가기 쉽다.

우리는 그 실례를 냉전시대의 공산사회와 민주사회에서 쉽게 찾아볼 수 있었다. 구소련과 미국을 비교해보면 바로 그런 현상이 발견된다.

미국에서는 정의가 자유를 억압하거나 규제하기보다는 선택의 기회가 법적인 인간 관리의 공정성을 지켜주면 되었다. 말하자면 자유-정의-자유의 길을 택했던 것이다.

이에 비해 구소련은 평등-정의-평등의 길을 택했다. 평등이 목적이 되고 정의가 그 방편이 되었던 것이다.

지금 우리 교육계가 겪고 있는 교육정책도 그렇다. 평준화만 봐도 어떻게 하면 더 완전한 평준화를 실현할 수 있는가에 치중하고 있다. 사회주의식 평준화 개념이다. 그러나 미국과 같은 나라는 앞서가는 학교나 학생의 성장은 막지 않는다. 오히려 뒤처진 학교와 학생을 끌어올릴 수 있는 기회를 늘리고 선택의 길을 열어주는 것을 평준화로 보고 있다. 앞선 학교를 많이 만들어 모두에게 선택의 길을 열어주는 것이다. 민주사회의 평준화는 선택의 폭을 넓혀주는 데 목적이 있다. 좁아지기보다는 열린 교육을 지향하는 것이다.

먼저 이야기로 돌아가자.

냉전시대가 막을 내린 지금에 와서 어느 사회가 성공했는가. 평등-정의-평등으로 간 구소련보다는 자유-정의-자유로 간 미국이 정상적인 역사의 길을 밟아왔다고 모두가 인정하고 있다. 자유민주주의가 평등을 표방한 공산주의를 모든 면에서 능가하고 있는 것이 사실이다.

그 원인은 어디 있는가. 우리는 어떤 절대주의적 사고나 가치관을 앞세워서는 안 된다. 미국에서도 평등을 앞세우는 사람은 얼마든지 있다. 흑인들의 요청이 바로 그런 것이며 약소민족의 호소도 자유보다는 평등에 있다. 구소련에서도 자유를 호소하는 사람이 많이 있었고 북한 공산치하를 벗어나려는 탈북자의 수도 계속 늘어나고 있다.

문제는 그런 상대적인 어려움과 갈등은 있어도 평등으로 가는 사회보다는 자유로 가는 사회가 비교적 앞서고 있다는 사실에 있다. 그리고 이것은 논리가 아니라 현실의 상황이다.

여기에 우리가 놓쳐서는 안 되는 문제가 있다. 세상 사람들은 그것을 휴머니즘의 척도에서 평가한다는 점이다. 종교적인 뜻을 더한다면 인간애의 문제가 깔려 있는 것이다.

공산주의 사회가 실패한 것은 인도주의 정신, 즉 박애사상을 멀리했기 때문이다. 혁명과 투쟁을 앞세운 나머지 인간이 정치 및 경제이념의 수단과 도구로 전락했던 것이다. 이에 비하면 자유 민주사회에서는 인간을 그 중심에 두는 길을 열어놓았다. 앞에서 설명한 구도를 따른다면 자유 민주사회에서는 자유-사랑-자유의 길에서 평등을 얻을 수 있었고, 공산사회에서는 평등-정의-평등의 정신, 즉 사랑을 배제한 정의를 고수했던 것이다.

그 기초와 원동력을 제공해준 것이 종교다. 모든 종교의 핵심은 사랑에 있다. 기독교가 주장하는 것은 사랑의 나무에는 자유와 평등의 열매가 함께 주어질 수 있다는 사실을 믿고 체험하는 데 있다. 자유의 나무에는 평등의 열매가 달리기 어렵고, 평등의 나무에는 자유의 결실이 맺어지기 어렵다. 그러나 인간애가 바탕이 되고 목표가 되는 사랑의 나무에는 자유와 평등의 열매가 공존한다.

미국과 자유세계가 구소련이나 공산세계보다 우위를 점하게 된 것은 이러한 종교적 인간애, 인간목적관이 자리 잡고 있었기 때문이다.

경제문제도 마찬가지다.

200년 전 미국 경제는 개인의 소유체제로 출발했다. 그러는 동안에 사회주의 체제의 도전을 받아 개선의 길을 밟았다. 서구 사회의 복지정책을 수용해서 소유자본정책의 방향을 시정할 수밖에 없었다. 공산주의 이론도 미국적 자본주의에 압력을 가해왔다. 이런 과제들을 수용하고 개선해가는 데 긴 세월이 걸렸다.

그런 과정을 거쳐 생겨난 것이 오늘의 미국적 자본주의 정신이다. 마르크스가 지적했던 자본주의의 병폐를 스스로 개선하고 치유해 도달한 오늘의 미국적 자본주의, 그것은 이미 개인의 소유체제는 아니다. 지금의 시장경제에 이르러서는 개인의 소유체제가 시장을 통한 기여체제로 변화, 발전하고 있다.

정치가가 정치를 통해 사회에 봉사하며, 학자가 학문을 통해 국가에 이바지하듯이 기업가는 기업을 통해 그 혜택을 사회에 돌려주는 제도로 탈바꿈하고 있다. 유능한 사람은 누구나 기업을 통해 돈을 벌 수 있다. 그러나 그 돈을 소유하지는 못한다. 소유보다는 사용권을 갖는 것이다. 여기서 사용권이란 바로 기여권이다.

오래전 막스 베버(Max Weber)가 지적했듯이 '열심히 일해서 많은 돈을 벌어라. 그러나 그것은 너의 소유를 위해서가 아니라 사회에 주기 위해서'인 것이다. 그것이 기독교적 사랑의 경제관이다. 그렇게 된다면 자유로운 경제체제 그 이상의 길은 없어진다. 사랑의 정신이 뒷받침하고 있기 때문이다.

비판의 자유와 그 책임

'비판의 자유', 넓게는 '언론의 자유'가 왜 그렇게 심각한 문제가 되는 것일까. 왜 헌법에까지 그 보장이 조문화되어야 하는 것일까. 아마도 비판의 '자유'를 막는 무서운 힘이 과거에 작용한 적이 있고 또 앞으로도 작용할 가능성이 있기 때문이 아닌가 생각해본다. 그 러면 당사자가 좋아서 하겠다는 비평이나 언론을 굳이 못하게 막 는 이유는 무엇이며, 한사코 막는 것을 구태여 하겠다고 기를 쓰는 동기는 무엇일까. 여기서도 동기의 분석이 문제의 핵심에 다가가는 좋은 출발점이 될 듯하다.

그저 비판이나 언론을 막기 위해서 언론을 탄압할 경우, 즉 언론 의 탄압 그 자체가 목적인 경우는 드물 것이다. 대개 무슨 다른 목 적을 위한 수단으로서 그것을 막는다. 그 목적은 크게 두 가지로 나 누어볼 수 있다. 하나는 막는 사람들만의 이익을 목적으로 삼을 경 우이고, 다른 하나는 막는 쪽과 제약을 당하는 쪽 양자에 공통된 이 익을 목적으로 삼는 경우다.

비판이나 언론을 막는 사람들이 자기네 일당의 이익만을 목적으 로 삼을 경우에, 그들의 이익은 상대편, 즉 언론의 자유를 제한당하는 쪽의 손해를 의미하는 것이 보통이다. 따라서 자유를 제한당하는 사람들이 자유를 부르짖고 싸우는 것은 당연하다. 이럴 때는 집권자에 대한 비판이 날카롭고 용감할수록 우군의 갈채를 받는다. 이때 '정면에서 비판하고 싸움을 거는 대신, 집권자로 하여금 그 이기적이고 악덕한 목적을 버리도록 훈도함이 더 훌륭하지 않은가?' 하는 이상론이 제기될 수도 있다. 그러나 '쥐가 고양이 목에 방울을 다는 방법' 따위의 논쟁으로 제한된 지면을 채울 생각은 없다.

여기서 주로 다루고 싶은 것은 우리가 공동의 목표를 지향할 경우, 즉 비판의 자유를 강조하는 쪽과 그 자유가 지나쳐서는 안 된다고 믿는 견지에서 '비판에 대한 책임'을 문제 삼는 쪽이 다 같이 공동의 복리를 위하여 애쓰고 있는 경우다.

공동의 목표를 지향하는 사람들 사이의 비판이란 결국 그 목적 달성의 수단에 관한 의견의 불일치라고 볼 수 있다. 일정한 목적을 달성하는 데 어떤 수단이 가장 적절한가 하는 문제는 필시 인과율에 관련된다. 따라서 그것은 순전히 과학적으로 다루어져야 한다. 목적 달성의 과업을 분담하는 사람들이, 특히 그 선도자의 소임을 맡은 사람들이 비과학적인 처사, 즉 그 목적에 어긋나는 행위를 할 경우에 우리는 비판의 자유를 가질 뿐 아니라 비판의 의무도 갖는다. 이때 우리의 비판이 과학적인 바탕 위에서 논리적으로 전개되어야 하는 것은 물론이다. 만약 우리의 비판이 비과학적이거나 논리의 비약을 포함할 경우에는 우리가 부당한 비판을 가한 것이니,

이 부당성에 대한 책임을 스스로 져야 한다.

비과학적이요, 비논리적인 비판을 내리게 되는 첫째 요인은 비판자의 무식이요, 둘째 요인은 증오나 질투와 같은 감정의 개입이다. 내용도 모르고 내려지는 비판이나 감정의 흥분 속에서 빚어진 비판이 타당성을 가질 경우는 드물다. 타당성 없는 비판은 그 자체가 새로운 비판의 대상이다. '비판의 책임을 진다'라는 말은 비판이 새로운 비판의 대상이 된다는 뜻에 가깝다. 다만 부당한 비판이 초래하는 '비판의 비판'은 단순히 언어상의 비판으로 그치지 않고 더욱 실질적인 문책을 동반하는 경우도 있음은 물론이다.

'같은 운명 아래서 같은 목표를 추구한다'는 대의명분에도 불구하고 사실에 있어서는 자기 개인 또는 자기네 집단의 이익을 추구하는 데 급급하여 공동의 목표를 망각하는 경우도 있다. 이러한 경우에도 우리는 비판의 자유와 그 의무를 갖는다. 공동의 목표를 망각한 소행을 지적하고 그것을 방지함은 공동의 목표 달성을 위하여 필요한 수단이기 때문이다. 그러나 그때도 그 비판이 고의나 편견 또는 감정의 영향으로 사실과 들어맞지 않을 경우에는 도리어 부당한 비판으로서의 책임을 져야 한다.

이런 따위에 부당한 비판을 자아내는 가장 큰 원인은 비판자 자신이 공정한 입장에 서지 않고 도리어 자기 개인 또는 자기네 일당의 이익을 추구하는 견지에서 비판을 일삼는 태도에서 찾아볼 수 있다. 모략, 중상, 무고 등 이기심에 근원을 둔 부당한 비판이 공동

사회에 미치는 나쁜 영향을 우리는 잘 알고 있다.

그러나 비판이 때로는 비과학적이며 비논리적인 방향으로 흐를 수 있고, 때로는 사실 무근한 모략과 중상이 될 수 있으며, 이와 같은 부당한 비판이 공동 사회에 매우 나쁜 영향을 미친다는 이유로, 권력을 잡은 당국이 언론의 자유를 사전에 박탈하는 것은 매우 위험한 일이다.

왜냐하면 지배를 당하는 측의 비판이 잘못되었을 경우에 그 잘못을 지적하고 부당한 비판의 책임을 추궁함으로써 선후책을 강구하기는 매우 쉬운 반면, 언론의 자유가 없는 사회에서 지배층에게 잘못이 있을 경우에는 이것을 바로잡을 길이 막히는 동시에 공동 사회는 파멸의 위기를 모면할 도리가 없기 때문이다.

한편 언론의 자유가 보장되면 될수록 비판을 일삼는 언론인의 책임은 더 무거워진다. 또 그들이 유의해야 할 사항도 늘어간다. 비판하는 사람이 유의해야 할 첫 번째 사항은 비판이란 대개의 경우 '자기 자신에 대한 비판'이라는 사실이다.

이중(二重)의 의미에서 비판은 대개 자기비판이다. 그 이유는 이렇다.

첫째, 공동의 목표를 가진 단체나 민족 내부에서 갑이 을을 비판하는 것은 결국 '동지'에 대한 비판이요, '우리의 일부'에 대한 비판이니, 넓은 뜻으로 보면 '나'에 대한 비판이 아닐 수 없다는 것이다.

둘째, 우리가 남의 결점이나 남의 좋지 못한 뱃속을 그토록 세밀

하게 알 수 있는 근거는 우리 자신에게도 어느 정도 그와 비슷한 결점 내지 좋지 못한 동기를 경험한 일이 있다는 사실에 있다. 남에 대한 비판도 대개의 경우 그것이 나 자신에 대한 내성(內省)의 투영을 포함한다는 뜻에서, 그것은 나 자신에 대한 간접적인 비판인 셈이다.

공동 사회 내부에서의 비판이 넓은 뜻의 '나'에 대한 비판이라는 사실이 시사하는 교훈은, 비판의 날카로운 화살을 던지는 마음 바탕에 상대편을 아끼고 사랑하는 정이 고갈되어서는 안 된다는 점이다. 비판을 받는 상대도 '우리', 즉 큰 '나'의 일부인 까닭에, '자아 보존'이라는 자연의 이치로 보더라도 응분의 아낌과 사랑을 받을 자격이 있다.

다음에 '남'에 대한 비판도 대개는 '나'에 대한 간접적 비판을 포함한다는 반성이 연상시키는 것은 "너희 중에 죄 없는 자가 먼저 (저 여인을) 돌로 치라"(요 8:7)는 예수의 말씀이다. 겸손의 덕은 비평가에게 가장 필요한 심성이다. 겸손한 비평가만이 비평을 받는 이의 입장에서 사리를 고찰해보는 마음의 여유도 가질 수 있기 때문이다.

비평가가 유의해야 할 두 번째 사항은 비판을 위한 비판으로 흘러서는 안 된다는 상식이다. 비판이란 피차의 향상을 추구하고 공동사회 전체의 발전을 도모하는 데 본래의 뜻이 있다. 이것에 관해서는 아무런 설명도 필요치 않다. 다만 당연한 이치임에도 불구하고 비판의 심리를 잠시 망각하기 쉬운 까닭에 한마디 언급해둘 뿐이다.

　민주주의는 비판의 자유를 요청한다. 그러나 공정하고 책임감 있는 비판만이 참된 민주주의를 기르는 촉진제가 될 수 있다.

안병욱

자유에 관한 세 가지 교훈

"행복은 자유에서 오고, 자유는 용기에서 온다."

고대 아테네의 뛰어난 민주정치가 페리클레스의 명언이다. 세상에 자유처럼 고맙고 소중한 것이 없다.

자유는 인간의 영원한 가치다. 우리는 자유사회의 자유인이다. 우리가 자유사회를 건설하는 데 결정적 계기가 된 것이 4·19혁명이다.

우리는 자유에 관하여 세 가지 중요한 교훈을 배워야 한다.

첫째, 자유는 역사가 우리에게 공짜로 배급해준 선물이 아니라, 우리 스스로 쟁취해야 하는 것이다. 자유를 쟁취하려면 커다란 용기와 강한 정의감이 필요하다.

1963년 여름 나는 런던에 있는 대영박물관에서 그 유명한 '마그나카르타'를 직접 보고 깊은 감명을 받았다. 마그나카르타는 영국이 세계에 자랑하는 보물이다.

1215년 영국의 용감한 봉건 귀족과 자유 시민이 일치단결하여 영국의 존왕에 항쟁해 쟁취한 것이다. 이로써 왕의 전제에 종지부를 찍고, 법의 지배 원칙을 확립했다. 여기서부터 영국의 민주주의가 시작된다. 자유는 피의 산물이요, 용기의 대가다.

양피지에 쓴 63조의 문장은 민주주의의 탄생을 고하는 역사적 문헌이다. 대헌장(大憲章)이라고 불리는 마그나카르타는 인류의 가장 빛나는 장전(章典)의 하나다.

4·19혁명으로 우리는 비로소 자유를 쟁취했고, 당당한 민주 시민으로서 세계무대에 나서게 되었다.

둘째, 우리는 자유를 견고하게 수호할 의무와 책임이 있다. 모든 국민은 자유를 올바로 사용해야 한다. 자유의 나무는 키우기 어렵다. 자유를 남용하거나 악용하면 자유는 시들어 죽고 만다.

자유의 남용은 방종을 낳고, 무질서를 초래하여 걷잡을 수 없는 무정부 상태로 전락시킨다. 이것은 자유의 자살이요, 자멸이요, 종말이다. 질서를 지킬 줄 모르고, 책임감이 없고, 공동체의식이 희박한 국민은 절대로 진정한 민주주의를 확립하지 못하고 천민민주주의(賤民民主主義)로 전락한다.

건전한 자유 시민이 된다는 것은 결코 쉬운 일이 아니다. 민주주의는 우리에게 고도의 질서의식과 투철한 책임 관념을 요구한다.

자유란 무엇인가. 외적 강제와 속박이 없는 상태요, 어떤 행동을 할 수도 안 할 수도 있는 상태다. 자유의 핵심은 선택이다. 내가 내 마음대로 선택할 수 있는 것이 자유다. 나는 나무를 심을 자유도 있고, 나무를 꺾을 자유도 있다. 일할 자유도 있고, 놀 자유도 있다. 창조할 자유도 있고, 파괴할 자유도 있다. 선을 행할 자유도 있고, 악을 범할 자유도 있다.

우리는 어떤 자유를 선택해야 하는가. 이것은 나의 의지와 결단에 달려 있다. 자유의 타락적 남용은 개인과 사회에 큰 해와 악을 초래하고, 창조적 활용은 선과 행복을 가져온다.

셋째, 우리는 남의 자유를 침범하지 않는 범위 내에서 내 자유를 행사해야 한다. 남의 자유를 침범하지 마라. 이것은 자유의 가장 중요한 금과옥조다.

나의 자유가 소중한 만큼 남의 자유도 똑같이 소중하다. 자유의 상호존중이 가장 중요하다. 자유는 위대하다. 그러나 결코 만능은 아니다. 인간의 자유는 어느 정도의 제한을 받을 수밖에 없다. 자유의 나무는 조심스럽게 가꾸어야 한다. 모든 국민이 깊은 지혜와 강한 자제력과 높은 인격 수준을 갖춰야 한다.

알링턴 국립묘지의 푸른 언덕에서 영원히 잠든 케네디 대통령은 지난 1963년 6월 공산권에 완전히 포위돼 있는 자유도시 서백림(西伯林, 서베를린)을 방문했을 때 다음과 같은 명언을 남겨 우레와 같은 박수갈채를 받았다.

"지금부터 2천 년 전에 세계에서 가장 자랑스러운 말은 '나는 로마의 시민이다'라는 말이었다. 20세기에 가장 자랑스러운 말은 '나는 서백림의 자유시민이다'라는 말이다."

자유시민이라는 말은 참으로 자랑스러운 말이다. 자유시민이 되려면 온 국민이 건전한 자유인의 인격과 자질을 갖추어야 한다. 이것이 한국 민주주의를 건설하는 데 가장 중요하다.

철학

김형석

나의 길은 잘못되지 않았다

　내가 중·고등학교에 다닐 때는 자기 자신을 크리스천이라고 생각하는 학생들의 길은 비슷했다. 신학교를 나온 후에 목사가 되는 길이었다.

　나도 한때는 그런 생각을 했었다. 목사가 되는 일은 성직자가 되는 것이며 성직자는 가장 존경받는 정신적 지도자로 자타가 인정하는 직업이었다. 특히 당시에는 많은 목사님들이 항일운동에도 참여했기 때문에 더 높은 존경을 받고 있었다. 물론 그 길은 험난하다. 남들이 택하지 않은 좁은 길이기 때문에 더욱 값진 직책이라고 생각했다.

그러나 나에게는 그 길이 허락되지 않았다. 성직자가 될 자격을 갖추고 있지 못했던 것 같다. 물론 그런 꿈을 포기한 지 오래다. 목사가 된 친구들을 보면 부러운 심정을 가지면서 살아가고 있다. 성직자가 된다는 것은 부르심의 선택을 받은 사람에게 주어진 은총이기 때문이다.

그러나 얼마 전부터는 오히려 내가 지금의 길을 걷게 된 것이 또 하나의 선택된 뜻이 아니었을까 하고 자위해보곤 한다.

나는 중학교 3학년을 끝내면서 1년간 학교를 떠나야 하는 신세가 되었다. 일제강점기 때 신사참배를 거부했고 그 때문에 학교를 자퇴할 수밖에 없었다.

그 1년 동안에 나는 많은 철학 책들을 읽었다. 얼마나 이해가 되었는지는 모르나 철학이 학문 중의 학문이라는 생각을 갖게 되었고, 먼저 철학을 한 후에 신학을 하는 것이 서양 사회의 전통이라는 사실도 알게 되었다. 그래서 대학에서는 철학을 공부하게 되었고 철학의 길을 걸으면 평생을 바쳐도 부족하리라는 사실도 깨닫게 되었다.

서양철학을 공부하다 보면 자연히 기독교 사상과 접하게 된다. 그래서 철학은 주가 되고 신학을 포함한 기독교 정신은 철학과 공존하는 위치에서 연구를 거듭하게 되었다.

더욱 고마운 것은 중·고등학교 시절에는 장로교를 중심으로 삼은 개신교의 울타리 안에서 살았는데 대학에서는 가톨릭의 세계를 엿볼 수 있었다는 점이다. 많은 신학자들은 신구 양교 가운데서 하나를 택하게 되어 있으나 나는 기독교의 위치에서 천주교와 개신교를 함께 볼 수 있었다. 철학을 통해 기독교 사상을 알았고 기독교 사상으로서의 신학을 바라보는 길이 열렸던 것이다.

그러면서 신학보다 귀한 것은 기독교 정신이며 신학은 기독교 사상의 교리적 학문이 된다는 사실을 부정할 수 없게 되었다. 다시 말하면 신학이라는 좁은 학문보다는 기독교 사상이라는 넓은 세계가 더 중하다는 사고에 이르게 된 것이다.

그렇게 신학으로부터는 점점 멀어졌고 신학보다는 종교철학, 종교철학보다는 인간의 과제로서의 철학을 더 바람직하게 여기는 정신세계로 진입하게 되었다.

아우구스티누스, 파스칼, 키르케고르, 틸리히로부터 많은 영향을 받게 되었고 도스토예프스키의 정신적 세계에 공감하게 된 것도 우연이 아니었다.

물론 대학에서 강의할 때는 철학을 중심으로 문제를 전개시켰다. 그러나 나 자신의 문제로서는 철학과 기독교의 인간학적 과제가 큰 비중을 차지해왔다. 나의 저서 《윤리학》, 《역사철학》, 《종교의 철학적 이해》를 읽은 사람들은 그것을 인정할 수 있을 것이다.

다행스럽게도 지금 나는 이러한 길을 걷게 된 것을 후회하지 않는다. 상황이 허락된다면 여전히 그 길을 계속 걸어가고 싶다. 그리고 그런 뜻에서 나와 같은 길을 걷는 후배가 생긴다면 그들 역시 그 영역의 연구를 후회하지 않으리라고 생각한다.

신학은 누가 어떻게 말하든지 교회 안의 학문이다. 교리적인 요소를 벗어날 수가 없다. 그러나 철학은 사회 전체를 위한 학문이다. 기독교 밖의 사람은 신학과 무관할 수 있다. 그러나 크리스천들은 인간적 학문인 철학을 외면하지 못한다. 지금 생각해보면 나는 좁은 신학보다는 넓은 철학을 택했던 셈이다.

기독교도 종교의 하나이기 때문에 크리스천이 철학을 하게 되면 자연히 종교철학의 영역에 머물기 쉽다. 불교인들 중에도 종교철학자가 있듯이 기독교 철학자는 종교철학의 과제를 외면할 수 없다.

나 자신도 그런 과정을 밟았던 것이 사실이다. 그러나 문제를 전개시켜나가는 동안에 흔히 말하는 종교철학보다는 인간적 학문으로서의 기독교 철학으로 발전해가는 스스로를 발견하곤 한다. 불교적 세계관도 중요하고 기독교적 사고도 있어야 하지만, 인간적 과제, 인간적 문제해결을 종교적 사유에서 해명할 수 있다면 그것은 우리 모두의 문제가 될 수도 있다.

종교철학은 종교를 가진 사람의 철학이지만, 인간학적 과제로서의 철학은 종교를 초월한 인간의 문제를 다룬다. 그러나 이 모든 문제의 열쇠는 참다운 신앙에서 비롯된다. 과학으로서의 종교학은 가능하지만, 신앙이 없는 사람에게는 신학이나 종교철학 같은 학문은 필요가 없다.

그런 뜻에서 나는 신학이나 목사의 길을 택하지 못하고 철학과 크리스천의 길을 택하게 된 것을 후회하지 않을 뿐 아니라 감사하게 생각하고 있다. 학문을 한다는 것은 나 자신의 문제를 해결하는 일이기도 하지만, 보다 많은 사람들에게 지적인 봉사를 하는 일이기도 하기 때문이다.

김태길

왜 철학을 공부하는가

일전에 고등학생 두 사람이 찾아왔다. 학교 과제물을 작성하는 데 도움말이 필요해서 왔다고 하면서 몇 가지 질문을 연달아 던졌다.

첫째 질문은, '철학이라는 것이 도대체 무엇입니까?' 하는 것이었고, 둘째 물음은 '왜 선생님은 철학을 하게 됐습니까?'라는 것이었다. 이 두 물음에 대한 나의 대답은 동문서답에 가까울 수밖에 없었거니와, 그 학생들과의 대화를 통해서 내가 발견한 것은, 오늘날의 고등학생들이 '철학'이라는 것에 대하여 막연한 관심을 가지고 있으나, 그것이 무엇인가에 대해서는 전혀 모르는 경우가 많다는 사실이었다. 비단 고등학생뿐 아니라 대학생이나 일반 사회인 가운데도 철학이라는 것을 자기와는 별로 관계가 없는 것으로 여기는 사람들이 아마 적지 않을 것이다.

철학이란 본래 인간의 본성과 불가분의 관계를 가지고 있다. 아주 넓은 의미에서 인간은 철학적 동물이라는 말이 전혀 근거 없는 주장은 아닐 것이다. 어쨌든 넓은 의미의 철학은 만인의 관심사가 되어야 마땅한 것이며, 결코 소수 전문가들의 독점물이 되어서는 안 될 성질의 것이다. 그러나 오늘의 현실은 그렇지 못하다. 대중은 철학을 떠나서 사는 한편, 전문적 철학자들은 대중을 외면한 철학 속에 묻혀 버리는 경향을 보인다.

30~40년 전과 오늘을 비교할 때, 한국인과 철학의 관계에 큰 변화가 생겼음을 직감한다. 당시만 해도 우리나라에는 전문적 철학자의 수가 불과 몇 사람 되지 않았고, 그들의 학문적 수준도 대체로 낮은 편이었다. 그러나 그때는 철학 전문가가 아닌 사람들 가운데도 교양으로서의 철학을 공부한 사람들이 비교적 많았고, 그 철학 공부가 비록 통속성을 벗어나지 못한 수준이었다 하더라도, 그것이 일상생활의 사고와 행동 속에 섞여 들어갔다.

한편 오늘날 한국에는 상당수의 철학 전문가들이 있고, 그들의 전문적 지식은 30년 전에 비하여 현저히 높은 수준에 올랐다고 보아야 할 것이다. 그러나 오늘의 철학은 철학 전문가들만의 직업적 관심사에 불과하여 일반인과는 별로 관계가 없는 것이 되어버린 듯한 느낌이 강하다. 철학은 전문가들의 연구실과 책 속에만 살아 있고, 일반인의 생활 속에는 그 그림자도 찾아보기 힘든 실정이 아닌가 싶다.

1970년대 초반까지는 대학에서 철학개론을 교양 필수과목으로 가르쳤다. 1950년대 초에는 고등학교 가운데도 철학의 기초를 가르친 학교들이 있었다. 그러나 지금은 고등학교에서 철학을 가르치는 곳은 전혀 없다 해도 과언이 아니며, 대학에서도 오직 일부만이 철학 강의를 듣는다. 한두 학기 철학 강의를 듣는다 해서 제법 철학을 이해하게 되기는 어려울 것이다. 그러나 철학의 기초개념을 익힘으로써 철학적인 서적을 독해하는 데는 도움이 될 것이다. 나아가서 철학적으로 생각하는 태도를 배우게 된다면 더욱 큰 보탬이 될 수도 있을 것이다. 철학을 공부하는 보람은 많은 지식을 얻는 데 있는 것이 아니라, 보다 깊고 넓게 그리고 보다 바르게 생각하는 태도를 배우는 데 있다.

철학을 공부하는 사람들에게 "왜 철학을 공부하는가?"라고 묻는다면, 대답은 사람에 따라 다양하게 나올 것이다. 그 가운데서도 약간 현학적인 대답으로 "나는 철학을 공부하지 않을 수 없어서 그것을 공부한다"는 따위의 것이 있다. 왜 산에 오르느냐고 묻는 사람에게 "산이 거기 있기 때문에 오르지 않을 수 없어서"라고 대답하는 것과 비슷하다.

반드시 다른 어떤 목적을 위한 수단으로서가 아니라 철학 그 자체를 위해서 철학을 하는 사람은, 가장 순수한 철학자로서 존경을 받아도 좋을 것이다. 그러나 모든 사람이 철학만을 위한 철학에 종사할 수는 없는 노릇이며, 전체로서의 삶을 더욱 풍부하고 바르게 하기 위해서 철학을 공부한다 하더라도 그 동기가 불순하다고 나무랄 이유는 없을 것이다.

우리 모두가 공통으로 부딪치는 문제는 삶의 문제이며, 삶의 문제를 진지하게 추구하는 가운데 철학적인 문제들이 필연적으로 끼어들게 마련이고, 그 철학적인 문제들을 회피하지 않는 한, 자연히 철학을 하게 된다는 결론에 이르는 것이 보통이다.

'철학'이라는 말을 넓게 사용하여 "바르게 생각하고 참되게 살고자 애쓰는 과정이 바로 철학하는 길이다"라고 말하는 사람도 있을지 모른다. 이토록 넓은 의미로 '철학'을 이해한다면, 철학을 위해서 철학을 한다는 말과 전체로서의 삶을 바르고 풍부하게 하기 위하여 철학을 한다는 말은 결국 같은 주장이 되고 말 것이다.

그러나 오늘날 우리는 '철학'이라는 말을 그보다는 좁은 의미로 사용하는 것이 보통이며 '왜 철학을 공부하는가?'라고 물을 때의 철학도 그렇게 막연한 의미는 아닐 것이다. 대학에서 가르치기도 하고 책을 통해서 배울 수도 있는 좁은 의미의 철학이 전체로서의 삶과 어떠한 관계를 갖는 것인가를 묻는 것으로 보아야 할 것이다.

철학이 좋아서 철학을 공부하는 사람에게 철학이 소중하리라는 점에는 의심의 여지가 없다. 그러나 철학의 의의가 고작 사치스러운 취미에 그쳐서는 안 되리라는 생각이 든다. 많은 사람들이 철학에 대하여 그 이상의 것을 기대해왔고, 또 전문적 철학자들도 그 기대에 부응할 수 있는 것처럼 자부심을 갖는 경우가 많았다. 하지만 추상적인 언어로 엮어지는 철학이 과연 우리의 실생활에 보탬을 줄 수 있는 것일까? 있다면 그것은 어떠한 것일까?

우리가 철학을 공부함으로써 얻을 수 있는 것에는 크게 두 가지가 있다. 하나는 선철(先哲)들이 찾아낸 지식 또는 피력한 사상을 습득하는 일이요, 또 하나는 철학하는 태도 속에 담긴 정신을 배우는 동시에 바르게 생각하는 능력을 기르는 일이다. 이 두 가지가 모두 우리의 삶을 풍부하게 하는 데 도움을 줄 수 있을 것이나, 그 가운데서 더욱 중요한 것은 철학하는 정신을 배우고 생각하는 능력을 기르는 일이라고 믿는다.

과거와 현재의 철학자들이 발표한 학설은 무수히 많으며, 그 주장하는 내용이 서로 다르다. 그들의 모든 저술을 독파하여 그 내용을 제대로 이해한다는 것은 전문가에게도 몹시 어려운 일이며, 그 가운데 일부를 선택하여 내 것으로 만든다 하더라도 그것이 바로 우리의 현실에 적용되어 그대로 잘 들어맞을지는 의심스럽다. 그러나 철학하는 태도의 바닥에 깔린 정신을 이해하기 위해 반드시 만 권의 서적을 읽을 필요는 없으며, 철학 공부를 통하여 조금이라도 향상된 사고 능력은 생각이 요청되는 모든 상황에서 그만큼 도움이 되리라고 믿는다.

옛날부터 철학이라는 학문이 기본적 목표로 삼아온 것의 하나는, 여러 특수 과학에서 하듯이 자연 현상이나 사회 현상의 어떤 특정한 부분이나 측면만을 선택적으로 문제 삼지 않고, 세계와 인생의 문제를 하나의 전체로서 파악하는 동시에, 여러 사상을 그들 상호 간의 관계 속에서 이해하는 일이었다.

철학의 궁극적 목표는 대상을 여러 부분 또는 측면으로 떼어서 미시적으로 이해하기보다는 하나의 전체로서 거시적으로 파악하는 데 있다. 그리고 철학은 어떤 대상에만 관심을 국한하여 하나의 독립된 사상으로 이해하기에 그치지 않고, 그 대상과 다른 대상들과의 관계에까지 고찰의 범위를 넓힌다. 이와 같이 관계에 대한 고찰이 차례로 진행될 때, 마침내 철학자의 안목은 주어진 대상을 우주 또는 인생 전체의 일환으로 고찰하는 데까지 이르게 된다. 철학을 흔히 '전일(全一)의 학(學)'이라고 일컫는 이유도 바로 여기에 있다.

그러나 사물을 전체의 맥락 속에서 파악하고자 하는 종합적 경향은 철학이 가진 특색의 전부는 아니다. 철학은 한편으로 예리한 분석을 통하여 사물의 깊은 바닥과 어두운 구석까지를 뚫어보고자 하는 또 하나의 측면을 가졌다. 전체를 종합적으로 고찰하는 일에만 골몰하게 되면 부분의 세밀한 내막을 잘못 보기 쉬우며, 근거 없는 가정을 비판 없이 받아들일 염려가 있을 뿐 아니라, 이상과 현실을 혼동하는 오류를 범하는 예도 적지 않다. 그러므로 철학자가 전체를 종합적으로 고찰하는 가운데 정확성을 잃고 미궁에 빠지는 어리석음을 범하지 않기 위해서는 항상 날카로운 논리로써 제시된 견해에 대하여 비판적 분석을 가할 필요가 있다. 이에 철학자들은 분석과 비판을 아울러 숭상하거니와, 철학을 왕왕 '비판의 학'이라고 부르는 것은 바로 이 때문이다.

전일의 학으로서의 철학은 세계와 인생의 문제를 하나의 전체적인 안목으로써 고찰하는 까닭에, 그것을 공부하는 사람으로 하여금 사물을 여러 각도에서 총체적으로 고찰하는 태도를 습득케 하여 그의 시야를 넓혀준다. 한편 비판의 학으로서의 철학은 안일하고 상식적인 해결에 만족하지 않고, 그것을 배우는 사람으로 하여금 날카로운 비판과 빈틈없는 분석의 힘을 습득케 하여 그의 사고력을 키워준다.

사태를 총체적으로 바라보는 넓은 시야와 논리를 따라서 빈틈없이 분석하는 날카로운 사고력은 인간이 부딪치는 온갖 문제들을 바르게 처리하기에 귀중한 연장의 구실을 한다. 이론의 문제를 다룸에 있어서 또는 현실의 문제를 다룸에 있어서, 판단이 빗나가지 않기 위해서는 넓은 시야와 날카로운 사고력을 필요로 하거니와, 철학은 이 두 가지 역량을 기르기에 적합한 학문인 것이다.

철학은 못 하나 박을 수 있는 기술도 가르치지 않는다는 점에서는 전혀 실용성이 없는 학문이다. 그러나 문제를 바로 보고 바르게 생각하는 통찰력과 사고력을 길러준다는 점에서 볼 때는 매우 쓸모가 있는 학문이다. 철학의 쓸모는 눈에 띄지 않는 곳에서 은밀히 작용할 경우가 많다.

오늘날 우리는 여러모로 어려운 상황에 놓여 있다. 어려운 상황을 슬기롭게 극복하기 위해서는 문제를 종합적이며 거시적 관점에서 바라보는 넓은 시야와 문제의 핵심을 뚫어보는 비판적 안목을 아울러 가질 필요가 있다.

그러나 현재 우리나라에는 이 두 가지 안목을 아울러 가지고 있는 사람들이 많지 않은 것으로 보인다. 문제를 여러 각도에서 종합적으로 파악하기 위해서는 우선 편견이 없어야 한다. 흑백 논리가 압도적인 우리 한국 사회에서는 반대편의 주장에 귀를 기울이고 그들의 입장에서 생각해보는 마음의 여유를 찾아보기 힘들다. 그리고 사태의 정확한 분석과 공정한 비판을 위해서는 냉철한 사고로 일관해야 하는데, 우리의 사고는 감정에 의하여 좌우되는 경향이 크다.

개인 또는 사회의 발전을 위해 건전한 비판이 기여하는 바는 매우 크다. 인간이란 실수를 저지르기 쉬운 존재이며, 비판을 받아들여 스스로 고쳐가는 가운데 발전을 이룩하게 마련이다. 다만 비판이 개선의 약으로서 기여하기 위해서는 그것이 우선 공정해야 하고, 또 그것이 상대편에게 받아들여져야 한다. 그러나 우리의 정신 풍토에서는 비판을 가하는 측과 비판을 당하는 측이 모두 감정과 편견에 사로잡히는 경우가 많으며, 따라서 비판이 비판으로서의 제구실을 못 하고 도리어 사태를 악화시키는 결과를 부르기 일쑤다.

비판은 날카로워야 빛이 나지만, 날카로우면서도 공정성을 잃지 않기 위해서는 문제를 여러 각도에서 고찰하는 가운데 처지를 바꾸어 상대편의 관점에서도 생각해보는 마음의 여유를 가져야 한다. 그리고 비판을 당하는 편에서도 처음부터 방어의 태세를 취하지 말고 허심탄회하게 남의 소리에 귀를 기울이는 마음의 여유를 가져야 한다. 그러나 분위기가 경직된 우리의 정신적 상황에서는 이런 마음의 여유를 찾아보기가 매우 어렵다.

철학을 좀 공부한다고 해서 사물을 여러 각도에서 바라보는 넓은 시야와 마음의 여유, 그리고 날카로우면서도 공정성을 잃지 않는 비판력이 쉽게 길러지지는 않을 것이다. 뿐만 아니라, 섣불리 조금 공부한 철학으로 말미암아 도리어 햄릿의 딜레마에 빠져 방황하는 불행을 자초할 염려도 전혀 없다고 말하기 어렵다.

그러나 조용한 생각을 거치지 않고 서둘러 행동을 일으키기 쉬운 우리의 정신풍토 전체를 염두에 두고 볼 때, 넓고 깊게 생각하는 태도와 능력을 기르는 일이 우리 모두가 시간을 기울여 시도해야 할 과제임을 부인할 수 없다. 그러한 시도의 일환으로 철학 공부를 생각하게 되는 것이다.

철학은 삶의 지혜이자 죽음의 연습

기원전 399년 봄, 70세의 노철인(老哲人) 소크라테스는 아테네 감옥에서 독배를 마시고 태연자약하게 생애의 막을 내렸다. 그는 자기에게 사형선고를 내린 아테네 500명의 배심원들에게 이렇게 말했다.

"자, 떠날 때는 왔다. 우리는 우리의 길을 가는 것이다. 나는 죽으러 가고 여러분은 살러 간다. 누가 더 행복할 것이냐, 오직 신만이 안다."

나는 1962년 7월과 1982년 1월 두 번에 걸쳐 소크라테스가 독배를 마시고 죽은 그 유명한 감옥소의 유적을 다녀왔다. 소크라테스는 40세에서 70세에 이르기까지 약 30년 동안 아테네 시민의 정신혁명을 위하여 자신의 생애를 바쳤다. 부패·타락한 아테네 사람들의 양심과 생활을 바로잡기 위하여, 교만과 허영 속에서 방황하는 청년들의 인격을 각성시키기 위하여 그는 아테네 거리에 나가서 시민들과 대화하고 가르치고 질책하고 호소하고 계도하였다.

그러나 아테네의 어리석은 민중은 그를 법정에 고소했다. 그 소장에는 이렇게 쓰여 있었다.

"소크라테스는 국가가 정한 신들을 믿지 않고, 새로운 신을 끌어 들였으며, 청년들을 타락시켰다. 그 죄는 마땅히 죽음에 해당한다."

소크라테스는 '불신앙과 청년의 유혹'이라는 두 가지 죄명으로 고소되었다. 아테네 시민 500명으로 구성된 배심원이 자리한 법정에서 두 차례의 투표 결과 소크라테스에게 사형선고가 내려졌다.

누가 소크라테스를 죽였는가. 아테네의 어리석은 시민이다. 민중은 사리사욕에 휩쓸리면 한심한 우중(愚衆)으로 전락한다. 인간은 군중심리에 사로잡히면 지능이 IQ80으로 떨어진다고 한다. 민중은 올바른 지각을 가지면 슬기로운 현중(賢衆)이 된다. 민중은 우중이 되기도 하고, 현중이 되기도 한다. 역사의 어두운 반동세력도 되고, 역사의 밝은 개혁세력도 된다.

누가 예수 그리스도를 십자가에 처형했는가. 이스라엘의 어리석은 민중이었다. 민중의 질이 문제다.

아테네 시민의 무지와 악의와 오판이 위대한 철인 소크라테스를 죽였다. 소크라테스를 죽였다는 것은 진리를 죽인 것이요, 정의를 죽인 것이다. 진리와 정의를 죽인 나라는 반드시 쇠망한다.

소크라테스를 처형한 아테네는 기원전 338년 마케도니아의 침략으로 패망하고 말았다. 소크라테스를 처형한 지 61년이 되는 해다. 아테네는 역사의 심판과 징벌을 받았다. 역사는 반드시 준엄하게 심판한다. 우리는 이 역사의 진리를 잊지 않아야 한다.

소크라테스는 아테네 법정에서 시민들에게 이렇게 말했다.

"아테네의 사랑하는 시민들이여, 여러분은 가장 위대하고 지혜와 위력으로 명성을 자랑하면서, 될수록 재물이나 많이 모으려 하고 이름이나 명예에만 관심이 쏠려서 지혜와 진리와 자기의 인격을 깨끗하게 하는 일에 대해서는 조금도 마음을 쓰려고 하지 않는 것을 부끄럽게 생각하지 않는가."

그는 감옥에서 독배를 마시기 전에 사랑하는 제자 플라톤에게 이렇게 말했다.

"사는 것이 중요한 문제가 아니라, 바르게 사는 것이 중요하다."

생존하는 것은 그렇게 중요한 일이 아니다. 어떻게 사느냐가 중요하다. '어떻게'라는 말이 가장 중요하다. 매국노나 배신자나 변절자나 살인범이나 패륜아나 강도나 매춘부처럼 살기를 원하는 사람은 이 세상에 아무도 없을 것이다.

누구나 인생을 바로 살기를 원한다. 바르게 사는 것은 어떻게 사는 것이냐. 소크라테스에 의하면 첫째로 진실하게 사는 것이요, 둘째로 아름답게 사는 것이요, 셋째로 보람 있게 사는 것이다. 거짓되게 살고 추잡하게 살고 무의미하게 살기를 바라는 사람은 세상에 한 사람도 없을 것이다.

'바르게'라는 말이 제일 중요하다. 말도 바르게 하고, 생각도 바르게 하고, 행동도 바르게 하고, 생활도 바르게 해야 한다. 정치도 바르게 하고, 경제도 바르게 하고, 교육도 바르게 하고, 모든 것을 바르게 해야 한다. 잘사는 것이 중요한 문제가 아니다. 바르게 사는 것이 중요하다. 바르게 살아야 잘살 수 있다. 바르게 살지 않고는 제대로 잘살 수 없다.

소크라테스는 또 외쳤다. "철학은 죽음의 연습이다." 철학은 죽는 연습, 죽는 공부, 죽는 준비, 죽는 훈련을 하는 학문이다.

언제 죽더라도 태연자약하게 죽을 수 있는 마음자리를 준비하는 것이 철학이다. 확고부동한 사생관(死生觀)을 확립하고 종용(從容)하게(침착하고 차분하게) 죽을 수 있는 정신적 준비를 하는 것이 철학의 궁극 목표다.

"철학자처럼 사색하고, 농부처럼 일하여라. 이것이 가장 바람직한 인간상이다."《에밀》을 쓴 프랑스의 위대한 사상가 장 자크 루소의 말이다.

한국인은 철학이 없는 국민이다. 철학이 없는 인생을 살아가는 사람이 얼마나 많은가. 이 혼탁한 난세를 당당하게 살기 위하여 우리는 투철한 철학을 가져야 한다. 철학이 없는 생활은 공허하고 빈약하다. 우리는 인생을 바르게 사는 지혜와 태연하게 죽을 수 있는 준비를 해야 한다. 이것이 철학적 정신이다. 소크라테스는 우리에게 그 위대한 모범을 보여주었다.

인격

김형석

늦기 전에 깨달아야 한다

내가 잘 아는 친구 두 사람이 있다. K는 어려서부터 가난한 가정에서 자랐다. 중고등학교 때부터 고학을 했다. 대학을 끝내면서 곧 취직을 해서 지금은 사회적으로 존경받는 직책과 지위를 누리고 있다. 일찍부터 일이 몸에 뱄기 때문에 아직도 왕성히 의욕적으로 일하고 있다.

같은 동창이었던 R은 시골에서 손꼽히는 부잣집에서 자랐다. 외아들이었기 때문에 부모와 조부모의 사랑을 독차지했다. 눈비가 오는 날이면 머슴 아저씨가 우산을 들고 따라다녔다. 물론 초등학교 때 일이다. 그 친구는 공부에 열중하지 않았기 때문에 삼류대학에서 세월만 보냈다. 대학을 끝낸 뒤에도 생활에 지장 없이 살았다. 재산관리만 해도 편히 살 수 있는 처지였기 때문이다. 이렇게 자라는 동안에 R은 무능해졌고 하는 일 없이 일생을 다 보내 버렸다. 요사이는 친구들과 장기와 바둑으로 소일하고 있다. 일을 하지 않으면 건강을 유지하지 못한다. 보약과 소화제를 계속 복용하면서 하루하루를 보내고 있다.

나는 이 두 친구를 비교해볼 때, 사람에게 귀중한 것은 돈보다 일이라는 것을 새삼스러이 느낀다. 가난한 사람들은 돈이 있어야 산다. 그래서 돈을 벌기 위해 일을 하는 것이라고 생각한다. 그러나 식생활과 자녀들의 교육을 책임질 정도의 수입이 생기면 돈보다도 귀한 것이 일이라는 생각을 해야 한다. 그렇게 하지 않으면 안 된다.

일의 목적을 돈에 두고 사는 사람은 인생의 초보 단계밖에 모르는 사람이다. 그가 재산을 모으고 부자가 된다 해도 그의 인생관은 잘못되어 있음을 알아야 한다. 인생의 의미를 결정짓는 것은 얼마나 돈을 가지고 있는가가 아니라, 무슨 일을 얼마나 많이 했는가에 있다. 가난하더라도 값진 일을 했으면 그의 인생은 높이 평가될 수 있다. 그러나 재산을 모았다는 것 자체로는 존경의 대상이 되지 못한다.

내 친구 K는 돈보다 일을 택했기 때문에 R보다 값진 인생을 살고 있는 것이다.

그러나 여기 또 하나의 문제가 남는다. 돈보다 일이 귀하지만 일보다 더 귀한 것은 없는가 하는 것이다. 있다면 그것은 무엇일까?

젊었을 때는 그것이 무엇인지 모른다. 일이 최고라고 생각한다. 그러나 나이 들고 여러 사람을 대하다 보면 일보다 귀한 것이 인격이라는 사실을 곧 깨닫게 된다.

나는 몇 해 전 상당히 많은 재산을 가지고 있는 사람을 만났다. 하지만 한 번 만난 뒤로는 그 사람을 만날 기회가 없어졌다. 실은 만나고 싶지 않았다. 그는 돈이 제일이라고 생각하기 때문에 교만하며 돈을 버는 데 인생을 다 바쳐온 사람이었다. 인격의 결핍은 물론 교양마저도 무엇인지 모르는 불행한 인물이었다. 이런 사람에 비하면 가난하더라도 일다운 일을 한 사람은 훨씬 귀히 여김을 받을 만하다. 그러나 일 위에 인격까지 갖출 수 있다면 그보다 더 행복한 사람은 없을 것이다. 그의 인격이 더 가치 있는 일을 할 수 있게 만들며, 그의 인격이 그의 일을 통해 사회에 봉사하는 결과까지 가져온다. 인격을 갖춘다는 것은 일을 일답게 하며 그 일의 사회적 가치를 높여준다는 뜻이다. 그래서 그 인격의 의미가 소중해지는 것이다.

만일 이런 사실을 알게 된다면 우리는 누구를 대하든지 먼저 그의 인격을 살펴 사람됨을 알고, 그 뒤에 그가 무슨 일을 하는지 알아보아야 할 것이다. 그런 다음에 그가 어느 정도의 재산이 있는가를 물어도 좋을 것이다.

다시 말해 가장 소중한 것은 인격, 그 뒤에는 일, 그 다음이 돈이라는 생각이 중요하다. 늦기 전에 깨달아야 할 정신적 가치의 순서가 아닐 수 없다.

김태길

자기를 나타내고자 하는 마음

옷을 입는 방식에도 예절이라는 것이 있는 모양이나, 나에게는 그것이 공연한 부담으로 느껴질 때가 많다. 여름에도 의관을 단정히 하고 조금도 흐트러짐이 없었던 옛날 양반의 정신이 나에게는 희박한 편이어서, 옷이라는 것은 몸에 편하도록 입는 것이 좋을 것이라는 생각을 가지고 있다.

더운 여름날에는 셔츠 바람으로 다니고 특별한 경우가 아니면 넥타이라는 것을 생략했으면 좋겠다는 생각을 자주 한다. 그러나 배짱이 그다지 두둑한 편이 아니어서, 나 하고 싶은 대로 못하고 관습이라는 것에 얽매여 살고 있다. 누가 무엇이라고 말하는 것도 아닌데, 다른 사람들과 옷차림이 다르면 공연히 마음이 불안하다. 남의 이목에 신경이 쓰이는 것이다.

나와는 정반대로 아주 파격적인 옷차림을 좋아하는 사람도 있다. 지나가던 사람들이 모두 뒤돌아볼 정도로 희한한 모습으로 유유히 대로를 활보하거나 칵테일파티 장소에 나타나는 사람을 간혹 보게 된다. 나와 잘 아는 친구 가운데도 그런 사람이 있어서, 왜 그렇게 하느냐고 물어본 적이 있다. 여러 사람들의 주목을 끌기 위해서라고 그는 태연하게 대답하였다.

　그 친구와 나는 옷차림에 대한 태도가 크게 다름에도 불구하고 근본적으로는 하나의 공통점을 가졌다. 남의 이목을 의식하는 마음이 바탕에 깔려 있다는 공통점이다. 남의 이목을 의식한다는 것은 나 자신을 의식하는 마음의 반영이고, 나 자신을 돋보이게 나타내고 싶은 마음과 동전의 앞뒤를 이룬다.

　자기를 나타내고자 하는 마음 또는 '나'를 돋보이게 하고 싶은 심정은 거의 모든 사람이 일반적으로 가지고 있는 공통된 심리가 아닐까 한다. 다른 사람들의 눈에 별로 이상하게 보이고 싶지 않은 것도 나의 영상(映像)을 위하는 마음이요, 보통사람들과 다르게 보이고 싶은 것도 나의 영상을 위하는 마음이다.

　남에게 좋게 보임으로써 다른 어떤 실질적 이익을 얻고자 하는 이해타산이 있을 수도 있다. 그러나 많은 경우에 우리는 남에게 좋게 보이는 것 그 자체를 간절하게 바란다. 비록 무의식적일지는 모르나, 우리에게는 남의 찬양을 받고 싶은 은근한 소망이 있다. 인간을 사회적 존재로 규정하는 이유의 일부가 이 소망에 있을 것이다.

　서두에서 옷차림 이야기를 끄집어낸 것은 그것이 비근한 예로서 머리에 떠올랐기 때문이다. 사실 남자가 자기를 나타내는 방법이나 수단 가운데서 옷차림이 차지하는 비중은 아주 사소한 편이다. 남자들은 주로 완력, 직함, 명성, 업적 등을 통해서 자기를 나타내고자 하며, 더러는 큰 저택이나 고급 승용차로 자기를 과시하기도 한다.

인격

우리는 왕왕 우리가 가지고 있는 것을 우리 자신과 혼동한다. 어마어마한 저택을 가지고 있는 사람은 자기 자신이 어마어마한 인물이라고 느끼기 쉬우며, 훌륭한 자동차를 가진 사람은 자기가 진정 훌륭한 인물이 되었다고 느끼기 쉽다. 값비싼 보석을 몸에 지닌 여자는 자기 자신이 값진 사람이라고 느끼기 쉬우며, 고급 가구를 장만한 여자는 그런 것을 갖지 못한 동창생보다 자기가 월등하게 잘난 사람이라고 생각하기 쉽다.

나 자신은 무엇으로 나의 자아를 나타내고자 하는가? '자아'라는 것을 의식의 체계라고 보는 내 생각이 옳다면, 자아 그 자체는 보이거나 들릴 수 없는 무형의 존재다. 그래도 나는 나의 자아를 나타내고 싶은 인간적 충동을 초월할 수는 없으며, 무엇인가 형태 있는 것의 힘을 빌려서 나 자신을 표현해야 한다. 나는 주로 무엇을 통해서 나 자신을 표현하는가?

나의 소유를 나 자신과 혼동하는 속물근성이 나에게 전혀 없다고는 장담하기 어렵다. 때 묻고 낡아빠진 옷을 걸치고 어지럽기 짝이 없는 서재에 앉아 있는 내 모습을 여성 방문객 앞에 태연하게 드러내놓을 수 있을 정도로 나는 초연한 인간이 못 된다. 다만 소유물에 대한 나의 관념은 비교적 소극적인 편이며, 고급스러운 소유물을 통하여 나 자신을 과시하고 싶은 적극적인 의도는 거의 없다고 말해도 거짓이 아닐 것이다.

한창 젊었던 학창 시절에는 거울에 모습을 비춰보면서 한참 동안 머물러 있었던 기억이 있다. 나의 몸을 나의 자아로 생각했다는 증거라고 볼 수 있다. 그러나 이제는 늙어서 허망하기 짝이 없는 모습이 되었으니, 몸을 내세워서 나를 나타낸다는 것은 생각조차 하기 어렵다.

어린 시절에 내가 쓴 글이 교지에 실렸을 때 은근히 자랑스럽게 느껴졌던 기억이 있다. 글을 잘 썼다거나 못 썼다는 평가에 앞서서, 내 것이 활자화되었다는 그 사실이 자랑스러웠던 것이다. 교지 아닌 일반 잡지에 처음 나의 글이 실렸을 때는 더욱 자랑스러웠다. 윤리학에 관한 나의 책이 단행본으로 처음 나왔을 때도 그 내용은 변변치 못한 것이었으나, 무슨 큰일이라도 해낸 것처럼 어깨를 으쓱했다.

그러나 인쇄물이 흔하게 나돌게 되었고 명색이 학자인 덕분에 내가 쓴 것이 활자화될 기회가 흔해진 뒤부터는, 글이 신문이나 잡지에 실렸다든지 단행본으로 나왔다는 것으로 자랑을 느끼는 일은 없어졌다. 그 대신 내가 쓴 것에 대한 다른 사람들의 평판에 신경이 쓰이기 시작했다. 내 글이나 책이 칭찬을 받으면 내 사람됨이 칭찬을 받은 것이나 다름없이 기뻤다.

그러나 글이 칭찬을 받았다고 해서 그 글이 참으로 잘되었다고 단정할 수 있을지는 의문이며, 글을 잘 썼다고 해서 글쓴이의 인품이 반드시 훌륭하다고 보기는 더욱 어려운 일이다. "글은 사람이다"라는 말이 있기는 하지만, 글을 통해 '사람'을 제대로 볼 수 있기 위해서는 남다른 통찰력이 필요하다. 글은 잘 쓰지만 사람은 그다지 신통치 않은 경우도 흔히 있다.

   냉철하게 생각해보건대, 자기를 나타내고자 하는 그 마음 자체가 어리석은 욕망이며, 내가 가진 것 또는 나의 솜씨가 칭찬을 받았다고 해서 반드시 나 자신의 사람됨이 훌륭하다고 보는 것도 어리석은 착각이다. 그러나 인간이기에 우리는 그 어리석음을 버리지 못하고 계속 이렇게 살아간다.

안병욱

갈고닦아야 비로소 빛나는 인격

인간은 인격의 주체요, 인격은 인간의 최고 가치다. 이러한 자각에 도달하기까지 많은 세월이 걸렸다.

서양에서 최초로 인격을 발견한 것은 철인 소크라테스다. 인격을 인간의 최고 가치로 보고 인격의 완성과 실현을 인간의 목적이라고 역설한 것은 독일의 철학자 칸트다. 그의 사상을 인격주의라고 한다. 그러나 그보다 훨씬 더 앞서서 인간이 인격의 주체임을 강조한 것은 유교다.

중국 고전에 이런 말이 있다.

"이 천지간에 있는 만물 중에서 사람이 가장 존귀하다. 사람이 귀중한 까닭은 다섯 가지의 인륜(人倫)이 있기 때문이다(天地之間 萬物之衆 唯人最貴, 所貴乎人者, 以其有五倫也)."

천지만물 중에서 인간이 가장 존귀한 이유는 도덕이 있고 인륜이 있기 때문이다. 만일 인간에게 도덕도 없고 인륜도 없다면, 한낱 무력한 동물에 지나지 않는다. 인간을 인간답게 하는 근본은 도덕과 인륜에 있다. 인간만이 도덕이 있다. 동물은 도덕이 없다. 동물은 도덕 이전, 도덕 이하의 존재다. 동물은 도덕의 단계에까지 도달하지 못했다. 동물은 본능과 폭력의 단계에서 살아간다.

인간에게서 도덕과 인륜을 뺀다면 무엇이 남을까. 소금에서 짠맛을 빼고, 사탕에서 단맛을 빼면 소금이 아니고 사탕이 아닌 것처럼 인간에게서 도덕과 인륜을 빼면 인간이 아니다.

인간은 이성과 양심을 가진 도덕의 주체요, 선과 악, 정(正)과 사(邪), 의(義)와 불의(不義)를 구별하는 도리의 감각을 가진 존재요, 도를 구하고 덕을 닦는 인격적 존재다. 도덕은 인간의 특권이요, 영광이요, 긍지다. 사람이 사람답게 살고, 인간이 인간 구실을 하려면 어떤 덕목을 갖추어야 하는가.

그리스의 철학자 플라톤은 4원덕(四元德), 즉 인간의 네 가지 으뜸가는 덕으로서 지혜와 용기와 절제와 정의를 강조했다. 사도 바울은 기독교의 근본 덕목으로서 믿음[信], 소망[望], 사랑[愛] 3덕(三德)을 역설했다. 불교는 보시(布施)와 지계(持戒)와 인욕(忍辱)과 정진(精進)과 선정(禪定)과 지혜(智慧)의 여섯 가지 바라밀(波羅蜜)을 제창했다. 유교는 인의예지신(仁義禮智信)의 5상(五常)을 역설했다.

미국의 정치가 프랭클린은 절제, 침묵, 규율, 결단, 절약, 근면, 성실, 정직, 중용, 청결, 평정, 순결, 겸손의 13덕을 강조했다. 도산은 무실(務實), 역행(力行), 충의, 용감의 4대 정신을 역설했다.

덕을 아는 것보다 행하는 것이 더 중요하다. 도덕은 이론이 중요하지 않고 실천이 중요하다. 우리는 덕이 무엇인지를 이론으로 아는 사람이 되지 말고 덕을 지니고 몸소 실천하는 사람이 되어야 한다.

인간이 일생 동안 노력해야 할 근본 사업이 무엇인가. 수신(修身)이다. 내가 내 인격을 갈고닦아 자기 완성을 하는 것이다. 인간이 죽는 날까지 힘써야 할 평생 사업이 무엇인가. 정기(正己)다. 내가 나를 바로 일으켜세워 자아 확립을 하는 것이다. 수신과 정기, 이것이 우리의 평생 사업(life work)이다.

중국의 유교 경전인《대학(大學)》은 이렇게 갈파했다.

"위로는 임금님에서부터 아래로는 일반 서민에 이르기까지 오로지 자기의 인격을 갈고닦는 것을 인생의 근본으로 삼아야 한다(自天子以至於庶人 壹是皆以修身爲本)."

여기서 수신위본(修身爲本)이란 자기 수련을 인생의 훈련 목표로 삼아야 하며 내가 나를 갈고닦아 자아를 완성하는 것을 인간의 근본 사업으로 삼는다는 말이다.

또 주자학의 입문서인《근사록(近思錄)》에는 이렇게 나와 있다. "자기 자신부터 바르게 함이 우선이다(正己爲先)"(〈정사편政事篇〉)

《근사록》은 주자(朱子)가 송나라의 위대한 네 사람의 유학자 주렴계(周濂溪), 정명도(程明道), 정이천(程伊川), 장횡거(張橫渠)의 글 중에서 좋은 내용을 뽑아 엮은 책이다. 여기에 나부터 바로 세워야 한다는 뜻의 정기위선(正己爲先)이라는 말이 나온다.

수신과 정기, 유교의 인생관과 가치관의 근본이 이 두 단어 속에 간결 명쾌하게 요약되어 있다.

우리는 무엇을 인생의 첫째 목표로 삼아야 할까. 바로 정기다. 내가 나를 바로 일으켜세우는 것이다. 이것이 인간의 첫째 과제다. 정기라는 말은 《맹자(孟子)》에도 나온다.

"유대인자 정기이물정자야(有大人者 正己而物正者也)"(〈진심상盡心上〉).

이 세상에는 대인, 큰 사람이라고 불러야 할 인물이 있다. 여기서 대인은 최고의 인간이다. 자기를 바로잡기만 하면 그의 지성이 상하에 두루 미쳐 모든 사람이 다 바로 설 수 있다는 뜻이다.

'정기'란 내가 나를 바로 일으켜세우는 자기 확립이요, 자기 건립이요, 자아 완성이다. 모든 국민이 저마다 수신과 정기를 인생의 기본 사업, 제일 과제로 삼고, 수덕(修德)에 힘써야 한다. 자기를 갈고 닦는 일에 전심전력해야 한다.

덕자득야(德者得也), 즉 덕은 인간이 태어날 때부터 선천적으로 주어지는 것이 아니라, 학습과 수련과 교육을 통해서 후천적으로 획득하는 것이다. 덕은 노력의 산물이요, 공부의 결과요, 수련의 성과다. 우리는 덕을 배우고 덕을 갈고닦아서 덕을 쌓아야 한다.

진리

김형석

잘사는 것과 값있게 사는 것

최근 몇 해 동안 우리는 잘살아보자는 말을 구호처럼 사용해왔다. 너무 오랫동안 가난하게 살았고 대부분이 빈곤한 생활을 해왔기 때문에 잘살자는 말은 그대로 돈을 벌어서 즐겁게 살자는 뜻으로 통용되었다. 물질적인 풍부와 육체적인 향락이 인생의 목표라도 되는 듯이 사회풍조가 황금만능과 향락 위주로 흐르기 시작했다.

이래서는 안 된다는 반성과 함께 요사이 올바른 정신적 가치와 생활 자세를 되찾으려는 운동이 벌어지기 시작했다. 잘산다는 것은 바르게 산다는 뜻이며, 정신적 자세가 확립되지 않고서는 물질적 향유가 참다운 행복을 가져올 수 없다는 사실을 모두가 깨닫게 된 것이다.

아무래도 교육 수준이 낮고 가치 판단을 내릴 수 없는 대중사회에서는 바르게 산다는 뜻이 잘산다는 것과 공존해야 하며, 값있는 생활을 한다는 것이 바르게 산다는 뜻임을 자각하는 데 긴 세월이 필요했던 것 같다.

그러면 바르고 값있게 산다는 것은 무엇을 의미하는가? 거짓과 불신이 없는 생활을 한다는 뜻이다. 거짓이 없는 개인생활이 사회적 신의를 회복하며, 신의가 없는 사회에서는 아무것도 건설될 수 없다는 원칙을 알아야 한다. 거짓의 씨를 뿌리는 것은 용서받을 수 없는 사악함임을 깨달아야 한다.

진실을 사랑하는 사람은 비록 나를 위해 좋은 결과가 온다고 하더라도 거짓된 수단과 방법을 일삼지 않으며, 오로지 진실에서 진실로의 과정을 밟는 신념을 갖고 살아간다. 오늘은 수단과 방법이 승리하는 것 같아도 역사는 반드시 진실과 성실의 나무에만 열매를 맺게 해준다는 준엄한 원리를 잊어서는 안 된다.

바르게 산다는 것은 정의를 위해 노력한다는 뜻이다.

거리를 걸어가는 사람이 수많은 갈림길에 맞닥뜨리듯이 우리의 생애에도 수많은 갈림길이 있고 우리는 언제나 아홉 개의 길을 버리고 하나의 길을 택해야 하는 선택을 요청받고 있다. 그때마다 불의를 버리고 정의를 택할 수 있어야 한다.

우리 귀에 속삭여오는 것은 언제나 불의의 유혹들이다. 오히려 정의의 음성은 멀리서 가늘게 들려올 뿐이다. 그러나 우리는 가까이서 속삭이는 불의보다는 멀리서 들려오는 정의의 호소를 듣고 따라야 한다.

정의를 위한 노력은 피곤과 어려움을 동반하는 때가 많다. 그러나 그 길만이 가치 있는 좁은 길이기 때문에 우리 모두가 그 길을 택하여 좁은 길을 넓은 길로 만들 의무가 있다. 그래야 후배들과 후손들이 쉽고 자랑스럽게 정의의 길을 택해 전진할 수 있다.

그러므로 우리는 지극히 작은 일에 임했을 때도 정의의 선택을 소홀히 해서는 안 된다. 의로움은 언제나 역사의 정도(正道)이기 때문이다.

값있게 산다는 것은 선의 가치를 추구한다는 뜻이다.

현대인이 처한 가장 어려운 문제는 커다란 사회악 속에서 어떻게 작은 개인의 선이 생존해 남을 수 있는가 하는 것이다. 그래서 사회로 진출하는 젊은이들이 어떻게 현실과 타협할 수 있는가를 고민한다. 자기생존을 위해서는 지혜로운 타협이 불가피하게 느껴지기 때문이다.

확실히 우리는 양심적 개인과 비도덕적인 사회와의 갈등을 해소시키지 못하고 있다. 그렇다고 해서 우리의 선한 의지와 밝은 희망을 어두운 사회에 내던질 수는 없다.

여기서 필요한 것은 인내와 지혜와 용기다. 인내란 역사의 앞날을 기대한다는 뜻이다. 지혜는 꺾이지 않고 선을 지키며 살아가기 위해 필요하다. 용기는 굴복함이 없는 선을 향한 의지다.

한 인간의 일생도 어려운 것일진대 하물며 역사의 성취는 얼마나 더 어렵겠는가. 우리는 그 역사의 흐름 속에서 선하고 정의로운 사회를 육성해가는 책임을 지니고 있다.

그것을 위해서 계속 값있는 노력이 필요하며 그 노력은 매일의 생활과 일 속에서 이루어지지 않으면 안 된다.

김태길

멋없는 세상, 멋있는 사람

버스 안은 붐비지 않았다. 손님들은 모두 앉을 자리를 얻었고, 안내양만이 홀로 서서 반은 졸고 있었다. 차는 빠르지도 느리지도 않은 속도로 달리고 있었다. 그 순간 갑자기 남자 어린이 하나가 도로 한복판을 달리는 버스 앞으로 확 달려들었다. 버스는 급정거를 했고, 제복에 싸인 안내양의 몸뚱이가 던져진 물건처럼 앞으로 쏠렸다. 그 찰나에 운전기사의 굵직한 오른팔이 번개처럼 수평으로 쭉 뻗었고, 안내양의 가는 허리가 그 팔에 걸려 상체만 앞으로 크게 기울었다. 그녀의 안면이 버스 앞면 유리에 살짝 부딪치며, 입술 모양 그대로 분홍색 연지가 유리 위에 예쁜 자국을 남겼다. 마치 입술로 도장을 찍은 듯이 선명한 자국.

아무 일도 없었던 것처럼 운전기사는 묵묵히 앞만 보고 계속 차를 몰았다. 그의 듬직한 뒷모습을 바라보며 나는 그가 멋있는 사람이라고 느꼈다. 예술과도 같은 그의 솜씨도 멋있었고, 불필요한 말을 한마디도 하지 않는 그의 대범한 태도도 멋있었다.

멋있는 사람들의 멋있는 광경을 바라볼 때는 마음의 창이 환히 밝아지며 살맛 나는 세상임을 깨닫는다. 그러나 요즈음은 멋있는 사람을 만나기가 꿈에 떡맛 보듯 어려워서, 공연히 옛날 이야기에 향수와 사모를 느끼곤 한다.

선조 때의 선비 조헌(趙憲)도 멋있게 생애를 보낸 옛사람 중 하나다. 그가 교서정자(校書正字)라는 정9품의 낮은 벼슬자리에 있을 때, 하루는 궁중의 향실(香室)을 지키는 숙직을 맡게 되었다. 마침 중전이 불공을 드리는 데 사용할 것이니 향을 봉하여 올리라는 분부를 내렸다.

그러나 조헌은, "이 방의 향은 종묘와 사직 그리고 사전(祀典)에 실려 있는 제례 때만 사용하는 것입니다. 비록 신이 만 번 죽는 한이 있더라도, 불공 드리는 데 쓰시기 위한 향으로는 감히 봉해드리지 못하겠습니다" 하고 거절했다. 중간의 사람들이 몇 번 오고갔으나 끝까지 그 뜻을 굽히지 않았으며, 중전도 결국 그 향을 쓰지 않았다.

말단의 자리에 있으면서도, 나라의 법도를 지키기 위하여 목숨을 걸고 중전의 분부를 거역한 그의 용기는 말할 것도 없거니와, 그러한 강직이 용납될 수 있었던 당시의 궁중 기풍이 멋있어 보인다.

젊은 시절을 풍류로 소일한 이지천(李志賤)은 어느 날 그가 사귀던 기생을 찾아갔다. 그러나 그곳에는 여자는 없고 그녀의 거문고만 있었다. 쓸쓸히 앉아 기다렸지만, 사람이 오지 않자, 그는 마침내 절구(絶句)로 사랑의 시 한 수를 지어 벽에 써놓고 돌아가 버렸다.

그 뒤 10년이 지났을 때, 이지천은 호남지방의 어느 여관에서 그 기생의 옛 친구인 또 한 명의 기생을 만났다. 이 여인은 10년 전 친구의 방 벽에 씌어 있던 한시(漢詩)를 감명 깊게 읽었노라며, 그 시를 한 자도 틀리지 않고 암송하였다.

암송을 마친 노기(老妓)는 자기에게도 한 편의 시를 지어달라고 부탁하며, 적삼을 벗어서 바닥에 펼쳐놓았다. 이공(李公)은 그 위에 또 한 수의 칠언 절구를 썼거니와, 조촐하게 늙어가는 한 여자의 모습을 우아하게 그렸다.

한갓 기방(妓房)을 배경으로 한 남녀의 이야기지만 그 경지가 높고 풍류에 가득 차 있다. 우리 조상들이 즐겼던 풍류, 그것은 바로 멋 중의 멋이었다.

어찌 옛날 사람들이라고 모두 멋과 풍류로만 살았으랴. 아마 그 시절에도 속되고 추악한 사람들이 있었을 것이다. 그러나 어쩐지 옛날에는 많은 사람들이 마음의 여유를 가지고 오늘의 우리보다는 훨씬 멋있는 삶을 살았을 것 같은 생각이 든다.

요즈음에도 보기에 따라서는 멋있는 사람들이 적지 않다. 어쩌다 일류 호텔의 로비나 번화한 거리를 지나면서 눈여겨보면, 눈이 부시도록 멋있는 여자와 주눅 들도록 잘생긴 남자를 흔히 만날 수 있다.

얼굴이나 체격이 뛰어나게 잘생긴 것도 멋있는 일이요, 유행과 체격에 맞추어 옷을 보기 좋게 입는 것도 멋있는 일이다. 그리고 임기응변하여 재치 있는 말을 잘하는 것도 역시 멋있는 일이다.

그러나 겉모양의 멋이나 말솜씨의 멋을 대했을 때, 우리는 가볍고 순간적인 기쁨을 맛볼 뿐 가슴 깊은 감동을 느끼지는 않는다. 세상을 사는 보람을 느낄 정도로 깊은 감동을 주는 것은 역시 마음 깊숙한 곳에서 우러나오는 무형의 멋, 인격 전체에서 풍기는 멋이 아닌가 한다. 바로 그 무형의 멋 또는 인격의 멋을 만나기가 오늘 우리 주변에서는 몹시 어려운 것이다.

멋있는 사람됨의 소유자를 만나보고자 밖으로만 시선을 돌릴 것이 아니라 나 스스로 멋있는 삶을 갖도록 노력하는 편이 더욱 긴요한 일이 아닐까 뉘우쳐보기도 한다. 멋있는 사람과 만나는 것도 삶의 맛을 더하는 길이겠지만, 나 자신의 생활 속에 멋이 담겼음을 발견할 수 있다면, 그보다 더 큰 보람이 없을 것이다.

그러나 주위가 온통 멋없는 세상인데 내가 무슨 재주로 내 마음속에 멋을 가꿀 수 있을까 하는 생각이 앞을 가린다. 그런 생각부터 앞서는 것 자체가 아마 내 사람됨의 멋없음을 말해주는 증거인지도 모른다.

현실을 암흑에 비유하고 세상을 부정의 눈으로 바라보면서도 결국은, "네 운명을 사랑하라(Amor fati, 運命愛)"고 가르친 니체는 멋있는 철학자다. 어느 시대인들 세상 전체가 멋있게 돌아가기야 했으랴. 사람들이 모여 사는 곳이면 어디를 가나 으레 속물(俗物)과 속기(俗氣)가 판을 치게 마련이다. 세상이 온통 속기로 가득 차 있기에 간혹 나타나는 멋있는 사람들이 더욱 돋보이는 것이다.

힘도 없는 주제에 굳이 거창한 목표를 세울 필요는 없을 것이다.

주어진 현실을 주어진 그대로 조용히 바라보며 욕심 없이 살아가는 가운데 때때로 작은 웃음을 즐길 수 있다면, 그것만으로도 삶의 멋이라면 멋이요, 맛이라면 맛이 아닐까.

안병욱

―

참된 도리와 올바른 이치

90세의 장수를 누린 영국의 제15대 계관 시인 존 메이스필드(John Masefield)는 영국 대학을 예찬하는 강연에서 이렇게 말했다.

"지상에서 가장 아름다운 것은 대학(大學)이다."

이 지상에는 참으로 아름다운 것이 많다. 무수한 별이 찬란하게 반짝이는 가을 밤하늘, 들에 핀 한 떨기의 청순한 백합꽃, 젊은 처녀의 맑은 눈동자, 어린애를 바라보는 어머니의 인자한 표정, 악성(樂聖) 베토벤의 힘찬 멜로디, 모두 아름답다. 이 세계는 풍성한 미(美)의 화원이다. 그 중에서 가장 아름다운 것은 대학이라고 존 메이스필드는 말했다.

왜냐, 대학은 진리애(眞理愛)와 향학심(向學心)에 불타는 젊은 학생들이 겸허하고 진지한 마음으로 동서고금의 위대한 지혜와 지식을 배우는 학문의 전당이기 때문이다.

대학의 푸른 숲에서는 일생을 학문의 제단 앞에 바친 백발의 노교수와 20대의 젊은 청년들 사이에 진지한 대화가 벌어진다. 대학의 강당에서는 우리의 가슴을 울리는 감동의 힘찬 메시지가 울려퍼진다.

고색창연한 대학의 도서관에서는 학구열에 불타는 대학생들이 인류의 명저와 고전을 읽으면서 깊은 희열과 감동에 젖는다.

대학의 강의실에서는 로고스의 아름다운 향연이 펼쳐지고, 연구실에서는 새로운 진리를 추구하는 과학적 실험이 벌어진다.

대학에는 학문의 자유가 있고, 풍성한 젊음이 있고, 아름다운 낭만이 있고, 청춘의 뜨거운 사랑이 있고, 미래에 대한 밝은 희망이 있다. 대학은 젊음과 희망과 광명과 자유와 꿈이 숨 쉬는 곳이다. 세상에 대학처럼 희망적이고 생산적이고 미래지향적이고 창조적인 곳이 또 어디에 있으랴.

존 매이스필드의 대학예찬론은 결코 빈말이 아니다. 대학은 푸르고 싱싱한 학원이요, 배움의 아름다운 동산이다. 대학은 돈을 벌기 위한 시장도 아니요, 권력을 추구하는 싸움터도 아니요, 먹고 마시고 놀고 춤추고 즐기는 향락의 놀이터도 아니다.

대학은 진지한 마음으로 공부하는 곳이다. 대학에서 가장 빛나는 권위를 갖는 것은 진리다. 우리는 대학에서 진리를 사랑하고, 진리의 편에 서고, 진리 앞에 고개를 숙이고, 진리를 우러러보고, 진리를 추구하는 정신과 정열을 배워야 한다.

도산 선생은 말했다.

"진리는 반드시 따르는 자가 있고, 정의는 반드시 이루는 날이 있다."

우리는 진리를 따르고 정의를 이루려고 노력해야 한다. 이것이 학문을 하는 자의 기본자세다. 우리는 곡학아세(曲學阿世)하는 무리가 되지 않아야 한다. 인생의 정도에서 벗어난 잘못된 학문으로 세상 사람에게 아첨하는 것이 곡학아세다. 우리는 파사현정(破邪顯正)하는 사람이 되어야 한다. 악과 불의를 무찌르고 옳은 길을 가는 것이 파사현정이다.

진리는 영어로는 트루스(Truth)요, 독일어로는 바르하이트(Wahrheit)요, 프랑스어로는 베리떼(Verite)요, 그리스어로는 알레테이아(Aletheia)요, 라틴어로는 베리타스(Veritas)요, 산스크리트어로는 사티아(Satya)요, 불교에선 진여(眞如)라고 한다.

진리란 무엇인가. 참된 도리요 올바른 이치다. 하버드대학교 입구의 시커먼 철문에는 '베리타스'라고 씌어 있다. 대학은 진리의 전당이요, 학문의 상아탑이다.

서울대학교의 배지에는 라틴어로 '베리타스 룩스 메어(Veritas lux mea)'라고 씌어 있다. '진리는 나의(mea) 빛(lux)'이라는 뜻이다.

내가 30년간 봉직한 숭실대학교는 '진리와 봉사'를 교훈으로 삼고 있다. 진리는 대학의 생명이요, 대학의 등뼈다. 어느 대학이나 진리의 추구를 근본으로 삼는다.

생즉애(生卽愛), 산다는 것은 사랑하는 것이다. 우리는 무엇을 사랑해야 하는가. 인간은 여러 가지를 사랑한다. 사람마다 사랑의 대상이 각각 다르다. 돈을 사랑하는 사람, 여자를 사랑하는 사람, 권력을 사랑하는 사람, 명예를 사랑하는 사람, 예술을 사랑하는 사람, 하나님을 사랑하는 사람, 나라를 사랑하는 사람, 자연을 사랑하는 사람, 향락을 사랑하는 사람, 일을 사랑하는 사람, 가족을 사랑하는 사람 등등 여러 가지의 사랑 중에서 진리를 사랑한다는 것은 얼마나 고귀하고 훌륭한가.

신은 인간의 마음속에 진리를 사랑하는 마음을 부여했다. 진리애 (眞理愛)는 인간의 사랑 중에서 가장 으뜸가는 사랑이다. 진리에 대한 충성이 모든 충성에 앞선다.

학문이란 무엇인가. 지식의 체계요 진리의 보고다. 학문은 진리애에 불타는 동서고금의 많은 학자가 용감하게 허위와 싸우고, 편견과 싸우고, 미신과 싸우고, 압제와 싸우면서 정성껏 쌓아올린 정신의 위대한 기념탑이다.

우리가 오늘날 이만큼 자유와 행복을 누리면서 행복하게 살게 된 이유 중 하나는 학문의 힘 덕분이다. 학문의 역사를 더듬어 올라가면 우리는 두 사람의 위대한 스승과 만나게 된다.

한 사람은 중국의 학성(學聖) 공자요, 또 한 사람은 그리스의 철학자 플라톤이다.

동양에서 처음으로 학원(學園)을 만들고 학문을 일으킨 사람은 공자다. 공자학원에서 동양의 학문이 시작되었다. 산동성(山東省)의 곡부(曲阜)는 공자학원의 발상지다.

온양공검양(溫良恭儉讓)의 다섯 가지 덕을 가졌던 뛰어난 스승 공자가 학불염이 교불권(學不厭而 敎不倦, 배우는 것에 싫증을 느끼지 않고 가르치는 일에 게으르지 않음)의 정신을 가지고 곡부에서 학당을 창건하자, 천하의 많은 청년 제자들이 공자의 인격을 사모하여 구름처럼 모여 들었다.

공자가 가르친 제자가 3천 명, 예악사어서수(禮樂射御書數)의 육예(六藝)에 통달한 제자가 72명, 인격과 학문이 출중한 제자가 10명이었는데, 이 제자들을 공문십철(孔門十哲)이라고 한다. 그들은 공자의 많은 문하생 중에서 학문과 덕행이 뛰어났던 열 사람의 수제자다. 공자가 세상을 떠난 후에 이 제자들이 스승의 뒤를 이어 인의예지(仁義禮智)의 사상을 세상에 퍼뜨리면서 고대 중국의 학문이 뿌리를 내렸다.

한편 철인 소크라테스의 사상적 영향을 받은 철학자 플라톤이 기원전 387년 아테네 교외의 푸른 숲속에 세운 학교가 아카데메이아(academeia)다. 이것이 서양 대학의 기원이다.

그리스의 영웅 아카데모스(Academos)를 모신 사원이 부근에 있었기 때문에 그 이름을 따서 아카데메이아라고 하였다. 나는 1991년 정월에 비록 대리석 잔해만 발굴된 상태지만, 아카데메이아의 유적을 방문한 일이 있다.

플라톤은 80세에 세상을 떠날 때까지 40년 동안 이 학원에서 아테네의 젊은이들을 가르쳤다. 서기 529년 로마 황제 유스티니아누스(Justinianus) 1세가 이단 사상의 온상이라고 하여 이 학교를 폐교할 때까지 아카데메이아는 약 900년 동안 연면 일관하게 서양의 최고 학문의 명맥을 지켰다.

공자와 플라톤, 이 두 사람의 뛰어난 교학 정신이 동양과 서양 학문의 기초와 원천이 되었다. 그 원천에 힘입어 진리를 사랑하고 학문을 발전시키는 지덕체를 겸비한 젊은이들이 세계 곳곳에서 나오길 희망해본다.

부록은 철학 삼총사인 김형석, 김태길, 안병욱 교수가 1997년에 국회에서 신춘 좌담을 한 것을 옮겨 적은 것이다. 세 분이 함께 자리한 마지막 좌담인데다 요즘에도 꼭 필요한 내용이어서 부록에 싣는다.

사회 : 권용태(시인, 한국예술종합학교 교수, 한국문화원연합회 회장)

국민의식, 일대 개혁이 필요하다

병리현상의 원인은 어디에 있는가

사회 권용태   늦었습니다만 새해에는 더욱 건강하시고 다복한 한 해
가 되시기를 빌겠습니다. 국민들의 큰 기대 속에서 출범한 15대 국
회가 그 첫해를 보내고 정축년(1997년) 새해를 맞이한 지도 한 달이
지나가고 있습니다. 올해는 대통령 선거가 있어서 정치적으로는 격
동의 한 해가 예견되고, 경제 전문가들의 이야기를 들어보면 우리
경제를 낙관적으로 보고 있지 않은 것 같습니다. 또 최근에 연이어
서 탈북 사태가 일어나고 있는 등 남북문제가 예측하기 어려운 상황
으로 전개되고 있습니다. 특히 사회적으로는 물질만능이나 세속주
의의 팽배, 정신적 가치관의 해이로 인한 사회 일체감의 저하 등 가
치관의 혼란을 겪고 있습니다.

　이러한 때에 국민의식의 선진화 방안에 중점을 두면서 한국 사회
의 현실 가운데 드러나고 있는 병리현상들을 진단해보고 그 치유책
을 생각해보고자 원로 선생님들을 모시고 신춘좌담을 마련했습니

다. 세 분 선생님은 서로 동갑이시기도 하지만, 모두 일본 유학에다 학문 분야도 철학, 특히 현대철학을 하셨고, 오랜 대학교수 생활과 특히 젊은 시절에는 문학에 심취하셨던 분들로 여러 면에서 공통점을 갖고 계십니다. 그러면 먼저 선진국 진입을 앞둔 현 시점에서 우리 사회에 드러나고 있는 병리현상들은 어떤 것이 있는지, 그리고 원인은 어디에 있는지에 대해서 말씀해주십시오.

김형석 교수   냉전시대가 한창 격화되었을 때 하버드대학의 역사학자 슐레징거 2세(A.M Schlesinger. Jr)에게 "당신은 인류와 역사에 희망이 있다고 생각하느냐?"고 물었더니 "역사를 먼 과거에서부터 먼 미래까지 바라보는 사람의 수가 많이 있는 한 역사는 희망적이다"라고 답했다고 해요. 저는 우리 사회에 여러 가지 병폐가 있는데, 그 중 하나가 역사의식의 빈곤이라고 생각합니다. 우리 국민들이 정치 감각만 가지고 오늘 내일을 살아가지 역사의식은 빈곤한 편이에요. 역사의식이 빈곤하다는 것은 지도층의 정치는 말할 것도 없고 앞을 내다보는 미래지향적 성향이 부족하다는 것을 의미합니다.

국회가 정치의 본산이라고 합니다만, 힘과 권력으로 사회를 이끌어가려고 하는 잘못된 정치를 하고 있습니다. 그 단계를 넘어 법과 정책으로 이끌어가야 좀 더 성숙한 사회가 됩니다. 여기에 국민들의 질서의식이 뒷받침되면서 더욱 성장하는 것입니다.

그러나 현재 우리는 이렇게 장기적 관점에서 역사를 보지 못하고 있습니다. 오늘날 문민정부가 되었다고 하지만 힘에 의해서 해결하려고 하는 풍토는 노동운동도 그렇고 정당운동도 그렇고 사회 어디에나 여전히 존재합니다. 의식구조의 후진성과 결핍이 모든 병리현상의 밑바닥에 깔려 있지 않은가 하는 생각을 해봅니다.

사회 권용태 김 교수님께서는 병리현상의 원인을 역사의식의 결핍과 의식구조의 후진성이라는 측면에서 지적해주셨는데 다음에는 김태길 교수님께서 말씀해주시지요.

김태길 교수 눈앞에 보이는 병리현상으로는 가령 자동차 운전할 때 차선이나 신호를 무시하는 행위, 불법 주차, 쓰레기 무단투기, 공장 폐수 방류 등 여러 가지가 많은데 이러한 것들의 공통점은 내 편리, 내 이익만 생각하고 남의 권익과 공동체의 이익은 생각하지 않는 이기주의에 있습니다. 그런데 그 이기주의라는 것은 자기를 사랑하는 마음에서 나옵니다. 사실 모든 생물은 자기를 사랑하고 아끼게 되어 있지요. 자기를 사랑하지 않으면 생물로서 생존할 수 없으니까요. 그런데 여기서 문제는 사랑하고 아끼는 방식이 근시안적이라는 데 있습니다. 길게 내다보면 남도 위하고 공동체도 위하는 것이 결국은 나를 위하는 길이 되는데 성급하게 당장의 이익만 가지려 하니까 타인을 생각하거나 배려하지 않게 되고 여러 가지 사회악 현상이 나타나는 것이 아닌가 합니다. 그래서 거시적인 시각에서 세상을 보는 태도가 요구됩니다.

거시적인 태도로 세상을 보려면 감정보다는 이성적으로 생각하고 판단해야 합니다. 한국 사람들이 대단히 감정적이고 지성이 못 미치는 것은 우리 기질과도 관계가 있을 것입니다. 물론 감정이 풍부해야 하겠지만 그에 못지않게 냉철하게 사태를 분석하는 사고방식이 국민 일반에게 요구됩니다. 특히 지도층에 있는 사람들은 감정보다는 모든 일을 냉철한 지성으로 처리하는 태도가 중요하게 요구됩니다. 사실은 지도층까지도 감정적인 행동을 보일 때가 많은데 그렇게 해서는 안 된다고 생각합니다.

사회 권용태 　안 교수님께서는 요즘의 병리현상을 어떻게 진단하시겠습니까?

안병욱 교수 　우선 이런 자리를 마련해준 국회보에 감사를 드리고 싶어요. 흔히 바깥사람들은 우리 세 사람을 '철학의 삼총사'라고 부릅니다. 우리 셋은 우정도 아주 돈독합니다. 동경 유학생이었고 78세 동갑이고 모두 철학을 공부했습니다. 그리고 아직도 건강해서 강연과 글을 통해서 사회에 대해 고언(苦言)과 질책으로 할 말은 하고 있습니다. 그런데 우리 셋이 이렇게 한 자리에서 만나 서로 얼굴 보고 대화를 나누게 된 것은 수십 년 만에 처음입니다. 대단히 뜻깊은 일입니다.

우선 저는 사회를 세 가지로 나누고 싶어요. 첫 번째는 정글 사회입니다. 아프리카 밀림처럼 먹느냐 먹히느냐, 죽느냐 죽이느냐 하는 폭력의 법칙이 지배하는 아주 잔인하며 무서운 사회를 말합니다. 가장 낮은 단계의 사회이며 저주받은 사회입니다. 우리나라에도 정글 사회의 일면이 있어요. 우리 인간사회가 그렇게 되어서는 안 되는데 현실은 그런 사람들이 많습니다. 나는 우리 사회에서 투쟁이라는 말 좀 없었으면 좋겠어요. 영어의 'competition'은 경쟁이지 투쟁은 아니지요. 투쟁과 경쟁은 개념이 다릅니다. 투쟁이라는 것은 동물사회에서 쓰는 것으로 상대방의 존재를 말살하고 없애버리는 것입니다. 대화가 없고 도덕도 없고 양심도 없고 동정심도 없고 협동도 없고 무자비하지요.

두 번째는 한 단계 높은 스포츠 사회입니다. 이곳에서는 법과 선의의 경쟁이 지배합니다. 스포츠는 인간이 만든 제도 가운데 가장 멋있는 제도입니다. 여기에는 페어플레이와 심판관이 있지요. 투쟁이 아닌 경쟁입니다. 경쟁이라고 하는 것은 상대방의 존재를 인정하고 서로 룰을 지키면서 싸우는 것입니다. 정정당당하게 싸우고 정정당당하게 승부를 가리고 나중에 이기는 자에게는 승리의 영광을 위해서 금메달과 월계관을 씌워주고, 얼마나 멋있습니까. 우리가 스포츠 경기를 보며 가장 많이 기쁨과 흥분을 느끼는 것도 그런 이유입니다. 그래서 우리 사회도 스포츠 사회처럼 되면 좋습니다.

그런 점에서 나는 지금 민주주의가 가장 성공한 나라가 영국과 미국이라고 생각합니다. 한 나라는 대통령책임제를 200여 년 동안 유지했고 다른 한 나라는 의원내각제를 300년 가까이 유지했습니다. 그 제도가 다르지만 운영은 잘하거든요. 꼭 대통령제도라야 민주주의가 성공하고 또 의원내각제라야 성공한다는 말은 믿고 싶지 않아요. 어떤 제도든 운영만 잘하면 됩니다. 내각제 아니면 큰일난다, 대통령제는 나쁘다, 이렇게 이야기하는데 그것은 아주 속단이고 독선입니다. 중요한 것은 운영의 묘를 살리는 것입니다. 그러니까 문제는 그 제도에 있는 것이 아니고, 제도를 활용하는 국민의 의식 수준, 정치 감각, 도덕적인 능력 이런 것에 의해서 좌우되는 것입니다.

그러나 스포츠 사회에는 승자와 패자가 있습니다. 누구나 승리자가 될 수는 없어요. 이기는 자는 기쁘지만, 지는 자는 슬픕니다. 스포츠 사회는 좋긴 한데 승자와 패자라고 하는 비극이 있어요. 그런 점에서 그것도 가장 이상적인 사회는 아닙니다.

세 번째 강조하고 싶은 것은 심포니 사회입니다. 이것은 협동과 조화의 세계입니다. 모든 악기의 소리가 다 다릅니다. 그런데 네 소리가 내 소리를 방해하는 것이 아니고 모든 소리가 저마다 자기 소리를 강하게 내면서도 조화(harmony)를 잘 이루거든요. 서로 상부상조해서 음악이라고 하는 위대한 미를 창조합니다. 아마 인간이 내는 소리 가운데 가장 위대한 소리는 음악이 아닐까 합니다. 그것은 청음(淸音)이고 화음입니다. 협동·조화·창조 이것이 심포니 사회의 특징입니다. 제멋대로 하는 것이 아니라 지휘자의 명령과 지시에 따라 자기 순서에 제 소리 내고 전체가 화합을 이루어가면서 음악이라는 위대한 미를 창조하는 것, 이것이 심포니 사회입니다.

그러니까 농민은 농민의 소리, 기업가는 기업가의 소리, 학자는 학자의 소리, 샐러리맨은 샐러리맨의 목소리를 내고 도시인은 도시인의 목소리를 내어 사회 모든 계층이 저마다 제 소리를 마음껏 내지만 내 소리가 네 소리를 방해하고 내 음성이 네 음성을 짓밟는 것이 아니라 서로 조화를 이루는 것입니다. 아마 인간이 만든 사회 중에 가장 이상적이고 아름다운 질서는 심포니 사회일 것입니다. 우리 사회도 이곳을 향해서 나아가야 합니다. 그런데 우리 사회에는 아직 정글 사회적인 요소가 약간은 남아 있어요. 빨리 스포츠 사회로 바뀌어야 해요. 정치인들도 투쟁할 것이 아니라 정정당당하게 경쟁해야 합니다. 국회의사당에 나와서 폭력 쓰지 말고.

간디의 명언이 있어요. "폭력은 동물의 법칙이요, 비폭력은 인간의 법칙이다."

폭력은 동물의 법칙입니다. 인간의 법칙은 비폭력이고 사랑입니다. 영국 국회를 찾아갔을 때 놀란 것은 우리와는 다른 회의장 구조였습니다. 여당과 야당이 서로 마주보고 앉아 이야기하는 구조거든요. 대화하려면 마주봐야 합니다. 우리 국회의 구조는 마주보지 않게 되어 있어요. 그런데 그때 해설자가 해준 이야기 중에 지금도 인상에 남는 것이, 회의장 가운데 큰 책상이 있지만 영국의 수백

년 의사당 역사 가운데 화가 나서 이 테이블을 넘어 상대편 구역에 들어가 멱살을 잡고 싸운 일은 아직 한 번도 없었다는 얘기였습니다. 어디까지나 대화로 해결합니다. 국회는 영어로 'parliament'인데 'parlia'는 대화입니다. 대화하는 곳, 대화하는 자리입니다. 그러니 대화를 통해서 풀어야 합니다. 영국 사람들은 수백 년 동안 서로 이해관계 충돌이나 의견 대립이 있을 때도 상대방 쪽으로 절대 넘어가지 않고, 서로 마주보면서 욕은 해도 절대 폭력은 안 썼다고 합니다. 심포니 사회는 이런 성숙한 국민만이 이룩할 수 있습니다. 안타깝게도 한국 사회에는 아직 심포니 사회적인 요소가 부족하기 때문에 폭력으로 밀어붙이려 하고 억지 부리고 여전히 부정, 타락, 독선, 아집, 편견 등 비민주적인 요소들이 너무나 많아요. 선량(選良)이라는 국회의원들이 나와서 대화하는 것을 가만히 바라보면서 '저런 행동, 저런 말을 해서는 안 되는데 왜들 저러지?' 손가락질하게 되더라고요.

이야기가 길어졌습니다만, 세 가지 사회, 그중에서 심포니 사회를 향해서 전진하자, 일단 그런 결론을 내리겠습니다.

김태길 교수 세 단계 사회에 대해서 잘 들었습니다. 지금 우리나라에 정글적인 요소가 약간 남아 있다고 말씀하셨습니다만, 나는 정글만 못하지 않은가 하는 생각입니다. 정글의 동물들은 먹이를 잡을 때는 같이 협력해서 싸우지만 저희들끼리는 싸우지 않아요. 그리고 필요 이상의 살상은 하지 않습니다. 그저 먹을 만큼만 죽이면 되지 그 이상은 할 필요가 없거든요. 그런데 인간은 그렇지 않습니다. 필요 이상의 살상을 합니다. 그런 점에서 우리가 짐승만 못할 수도 있습니다. 그런 사람들을 '짐승 같은 놈'이라고 말하는데 우리가 그런 말을 할 자격이 있는가 하는 생각도 듭니다.

김형석 교수 병리현상 중에 한 가지 더 추가해서 말씀드리면 지나친 흑백논리를 지적할 수 있습니다. 경험주의와 공리주의를 거치고 미국에서 실용주의를 거친 사회와 비교해보면 언제부터인지 모르게 우리가 지나치게 흑백논리에 빠져서 살고 있다는 생각이 듭니다. 우리나라의 불행이 주자학 때부터 시작되었다고 생각됩니다. 주자학은 상당한 형식논리인데 그것을 유림이 받아들이면서 유교의 교조주의를 더해놓으니까 내내 흑백논리가 되었습니다. 그런데 사실은 일선에서 싸우는 사람들은 이기적인 싸움을 했지만 그것을 뒷받침해주는 것, 명분화시켜주는 것은 유림들의 흑백논리였습니다. 그것이 오늘날까지 계속되어왔고 우리의 제일 큰 과제인 남북통일 문제도 그런 맥락에서 볼 수 있습니다. 지금 세계에서 제일 절대주의를 신봉하는 나라가 북한 공산주의예요. 절대주의를 신봉하는 배후에는 양분논리, 흑백논리가 깔려 있고 그런 식의 0과 100의 철저한 양극 대립논리가 통일이 늦어지는 실질적 이유로 작용하는 것입니다.

또한 우리 사회에도 흑백 의식구조가 굉장히 강하게 자리잡고 있는 것 같습니다. 여야 지도자들이 하는 이야기, 노사 간에 하는 이야기 전부가 흑백논리입니다. 인물을 봐도 너무 구체적인 이야기를 해서 미안합니다만 김구 선생을 지지하면 이승만 박사는 0이 되어야지, 60 대 40은 용납이 안 되거든요. 저는 그것은 사회과학적 사고의 빈곤에서 오는 것이라고 봅니다. 자연과학이나 논리학이나 수학은 양극으로 타협하지만, 사회과학은 어디에 타당성이 있느냐를 보는 학문입니다. 미안하지만 정치가가 사회과학적 훈련 없이 정치를 하니까 자꾸 흑백논리에 빠져드는 것이라고 봅니다.

그런데 더 걱정스러운 병리현상은 일부 재야세력이나 상당히 많은 운동권 학생들의 흑백논리입니다. 우리 것 아니면 안 되고 상대방이 없어져야 우리가 산다는 생각. 이것은 아까 정글법칙을 뒷받침해주는 흑백논리와 다를 게 없습니다. 우리는 이런 흑백논리적 사고방식에서도 벗어나야겠습니다. 이것 역시 하나의 병리현상이니 차츰 고쳐나가야 한다는 생각이 듭니다.

김태길 교수   역사적으로 멀리 내다보지 못한다는 것은 시간적으로 짧게 본다는 것이고, 흑백논리는 공간적으로 좁게 본다는 논리입니다. 그런데 대개의 경우 이 두 가지가 같이 맞물려 나타납니다. 한국 사람들은 왠지 공간적으로 좁게 내다보는 것 같습니다. 여러 각도에서 어떤 문제를 고찰하는 것이 아니라 자기 혼자만의 시각으로 고찰하니까 흑백논리가 되는 것입니다. 그러나 여러 각도에서 보게 되면 0 대 100이 될 수 없습니다. 시간적으로나 공간적으로 멀리 넓게 보면 40 대 60이 된다든지 65 대 35가 되겠지요. 상대편의 견지에서 바라보는 역지사지(易地思之)의 태도가 일반적인 사회 분위기로 정착되어야 하는데 우리는 그런 태도가 부족합니다. 옛날 사색 당쟁할 때도 스승이 노론이면 그 제자는 다 노론이었거든요. 그리고 스승이 영남학파이면 그 제자는 전부 영남학파가 되어야지 거기에서 한 발짝이라도 벗어나면 의리 없는 사람이고 지조 없는 사람이 되었습니다. 그런 현상은 지조니 의리니 하는 것을 잘못 이해한 것에서 기인합니다. 역시 이런 문제는 감정적인 성향과 관계가 있는 것이 아닌가, 그래서 한국 사람들은 여러 각도에서 냉정하게 생각하는 태도가 부족하지 않은가 생각해봅니다.

또한 외국의 어떠한 사상이 우리나라에 들어오면 경직됩니다. 아까 성리학을 말씀하셨는데 유교가 들어오면 가장 극단적인 유교가 되고 기독교도 아마 가장 보수적인 기독교로 우리나라에 들어온 것이 아닌가 싶습니다. 또 공산주의도 아주 심한 공산주의, 북한이 그렇습니다마는, 우리나라의 공산주의는 다른 나라 공산주의보다 훨씬 더 극단적인 공산주의가 되어 있습니다. 이렇게 극단으로 가는 현상을 막지 않으면 우리나라가 민주주의 사회가 되기 어렵습니다.

우리나라에서는 중용이니 조화니 하는 말을 하면 미지근한 인간으로 취급해서 별로 평가를 안 해줍니다. 사실 국회의원들도 그렇습니다. 자기 당에서 주장하는 의견에도 반대할 수 있어야 민주주의 정당이 되는 것이지, 당의 우두머리 지시만 따른다면 그것이 오합지

졸이지 무슨 선량이라고 하겠습니까. 우리는 흑백논리를 극복하고 여러 각도에서 중용을 생각하는 태도를 견지해야 합니다. 그러니까 정치와 사회생활에서도 서로 타협점을 찾고 조화를 이루려면 흑백논리를 버리고 여러 가지 각도로 상대편의 견지에서 생각하는 사고방식이 우리 정치 환경에 퍼져야 한다고 생각합니다.

치유방안은 무엇인가

사회 권용태 지금까지 선생님들께서 우리 사회가 안고 있는 병리현상들을 정확하게 또 함축성 있게 지적해주셨는데, 이를 치유하기 위해서는 우리 국민의식의 변화가 무엇보다 중요하다고 생각합니다. 앞으로 국민의식의 선진화라고 할까요, 가치관의 재정립 방안을 어떻게 하면 수립할 수 있을까요? 그 문제를 중심으로 말씀해주시면 좋겠습니다.

안병욱 교수 사회를 개혁해나가는 데는 두 가지 방법이 있다고 봅니다. 하나는 제도개혁입니다. 제도나 조직 그리고 체제를 바꾸는 제도혁명이 절대 필요하지요. 그러면 제도만 바꾼다고 해서 사회가 달라지느냐 하면 그것도 아니에요. 여기에 무엇이 필요한가 하면 인간의 개혁, 즉 국민들의 의식구조, 행동양식, 가치관, 생활태도, 정신

자세 등의 변혁이 이루어지는 것입니다. 그렇지 않고 체제와 조직만 바꾸어놓으면 다 저절로 되는 것처럼 생각해서는 안 됩니다. 그 예로 4·19혁명이 일어난 뒤에 우리 국민들이 아주 진지하고 숙연해졌습니다. 많은 사람이 피를 흘렸거든요. 하지만 얼마 못 가서 또 자꾸 데모가 일어나다가 5·16혁명이 터져서 사회가 깨끗해지더니 또 혁명 세력들이 부패하기 시작했습니다.

그래서 제도개혁에 더해서 인간개혁, 인격혁명, 정신혁신이 뒤따라야지 이것이 이루어지지 않고서 대통령만 바꾸고 제도만 바꾸면 된다고 생각하는 것은 착각입니다. 가장 근본적인 문제해결 방법은 내가 보기에 제도의 개혁에 앞서서 국민의 질을 높이는 것입니다. 저는 그 질의 철학을 강조합니다.

저는 인간에게는 다섯 가지 질(五質論)이 있다고 봅니다.

첫째는 악질(bad quality)입니다. 살인범, 강도, 유괴범 등에게서 볼 수 있는 잔인한 악질에서 빨리 벗어나야 합니다. 아주 적은 숫자지만 아직도 악질 인간들이 있습니다.

두 번째로 저질(low quality)입니다. 약속 안 지키고, 거짓말하고, 불신을 주고, 부정부패하고, 협조 안 하고, 남을 헐뜯는 부류지요. 빨리 저질 인간들이 없어져야 합니다. 그리고 스스로를 저질 인간으로 만들지 말아야 합니다.

세 번째로는 범질(凡質, common quality)입니다. 보통사람들을 말합니다. 이것은 그렇게 선하지도 그렇게 악하지도 않아요. 사명감과 책임의식을 가지고 움직이는 것도 아니며 그렇다고 해서 나쁘지도 않습니다. 가끔 실수도 하고 거짓말도 하지만 그래도 인간의 도리에서 벗어나지 않고 사람된 길로 갑니다. 그러나 그것만 가지고는 안 됩니다.

네 번째는 양질(良質, good quality)입니다. 협동 잘하고, 예절 바르고, 교양 있고, 대화 잘 통하고, 감사할 줄 알고, 남 도와주려고 노력하고, 법 없이 살아가는 사람들이 양질 인간입니다. 우리 사회에 될 수록 양질 인간들이 많아져서 서로 믿을 수 있는 사회가 되어야 합니다. 이것이 진짜 사회입니다. 여기까지 와야 인간사회입니다.

마지막으로 특질(super quality)입니다. 인류 역사에 가장 위대한 인물들이 여기에 속합니다. 석가, 공자, 소크라테스, 그리스도, 마호메트, 마하트마 간디, 슈바이처, 나이팅게일, 마더 테레사, 퇴계 선생, 율곡 선생, 도산 안창호, 백범 김구 선생…. 이런 분들은 몇 백 년에 한 번 나오는 인물들입니다. 이분들이 인류의 영원한 스승입니다. 인류의 모범생입니다. 최고의 인물들이지요. 인격, 지혜, 덕성, 용기가 가장 뛰어난 분들, 이런 분들이 있었기 때문에 오늘날 인류가 이만 한 경지에 이르렀습니다. 세계 4대 성인이, 또 그 밖의 사람들이 훌륭한 가르침을 주었기 때문에 그들을 본받고 배우고 따르려고 노력하는 가운데 인류가 이만큼의 민주사회를 건설했습니다. 한국사회도 하루빨리 국민들을 특질인은 못 된다 하더라도 양질인의 수준까지는 끌어올려야 합니다. 그러면 민주주의는 저절로 이루어집니다.

한 나라의 정부, 한 나라의 정치는 국민의 질과 일치합니다. 낮은 질의 국민이 어떻게 좋은 민주주의 사회를 건설할 수 있겠어요. 또 반대로 국민의 질이 높을 때 성실하고 신의 있고 협동적이고 책임감 강하고 애국심 많고 일하기 좋아하고 남 도와주려고 하는 국회의원들이 생겨납니다. 이런 사람들은 저질 정치, 저질 국회 만들지 않습니다.

제도를 개혁하는 문제는 대단히 중요하지만, 제도 개혁만으로 이상적인 사회가 실현된다고 생각하면 착각입니다. 도산 선생이 우리 국민에게 외친 메시지 가운데 "인격혁명을 해야 한다"는 내용이 있어요. 그 말처럼 중요한 것은 인간의 질을 높이는 것입니다.

사회 권용태 그러면 지금 말씀하신 인간의 여러 질을 특질로 만드는 방법을 제시하셔야 되겠는데요.

안병욱 교수 그것은 두 가지 방법이 있는데 하나는 교육입니다. 교육도 올바른 교육이어야 합니다. 지식교육, 기술교육만 가지고 안 됩니다. 인성교육, 도덕교육, 양심교육, 가치관교육을 해야 해요. 이것이 진짜 교육의 핵심입니다. 국민들을 교육시켜서 국민의 질을 높여야지요. 그리고 모범적인 국민의 지도층이 있어야 합니다. 어느 사회나 중추적인 지도계층이 꼭 있습니다. 이들의 중요한 역할은 사람들에게 본보기를 보이는 것입니다. 영국에는 젠틀맨들이 있었어요. 이것이 영국 사회의 하나의 본보기입니다. 1차 세계대전, 2차 세계대전이 일어났을 때 제일 먼저 지원해 전선에 나가서 희생당한 사람들이 케임브리지대학과 옥스퍼드대학의 졸업생들이었습니다. 그들은 도피하지 않았거든요. "우리는 나라의 은혜를 많이 입었다! 그러니까 먼저 봉사해야 한다! 먼저 헌신해야 한다!" 영국을 이끌어가는 리더 그룹인 옥스퍼드와 케임브리지를 합해 옥스브리지라고 합니다.

그리고 인도 문화권에서는 브라만 계급이 그 당시에 사회적 문화적 도덕적 중심세력이 되어 서민들을 이끌었어요. 서민들이 다 그들의 행동을 본받았지요.

그리고 우리의 경우 조선에서는 선비계급들이 있었어요. 물론 선비 가운데도 본보기가 되지 못한 사람도 있었지만 대체로는 훌륭했습니다. 선비계급들이 그 당시 서민들의 본보기가 되었어요. 유교가 500년 동안 한국 사회에 남겨놓은 가장 건설적인 덕목인 선비도를 가졌던 것입니다. 이 선비계급들의 생활윤리는 대체로 세 가지입니다.

첫째로 경리중의사상(輕利重義思想)입니다. 이(利)와 의(義), 즉 경제적인 이익과 올바른 정의 및 도덕을 놓고 볼 때 이익을 가볍게 생각하고 정의와 도의를 중요하게 생각한다는 뜻입니다.

둘째로 선공후사(先公後私)입니다. 우리는 공동체입니다. 가족, 회사, 국회, 나라, 민족이 모두 공동체입니다. 가치에는 서열이 있거든요. 선공후사의 윤리는 공(公)을 먼저 생각하고 사(私)를 뒤로 돌리는 사상입니다. 개인 의식보다 공동체 의식이 강합니다.

셋째로 선비는 수도생활, 절제, 청빈사상을 근본으로 합니다. 돈을 모으고 재산을 불리기보다는 지조를 지키는 것을 더 중시하지요.

꾸준히 지조를 지키면서 인생의 정도와 순리를 따라가려고 했던 것이 선비들입니다. 그 선비도를 어떻게 오늘에 되살리느냐, 나는 이것이 대단히 중요한 문제라고 생각합니다. 그런데 그것이 해방직후에 무너지고 말았어요. 그래서 사회의 중추적인 지도계층이 확립되어야 한다는 생각과 교육을 시키되 지식교.육, 기술교육보다는 인성교육에 중점을 두어야 한다는 생각을 하게 되었어요.

미국의 교육자 에버레트 라이머(Everett Reimer) 교수가 《학교는 죽었다(School is Dead)》라는 명저를 썼어요. 그의 지적처럼 학교에서는 지식교육, 기술교육만 시키고, 인격교육, 양심교육, 도덕교육은 다 행방불명이 되었어요. 이런 식의 교육으로 무엇이 제대로 되겠는가 하는 생각입니다. 또 '학교는 사람을 못 만든다(School Never Makes a Man)'라는 말이 있습니다. 오늘과 같은 교육으로는 학교가 인간다운 인간을 못 만든다는 것이지요. 과연 대학을 졸업하면 다 사람이 됩니까? 우리나라에 4년제 대학이 140여 개, 전문대학이 130여 개 되지요. 이런 대학들을 통해 얼마든지 사회를 개혁할 수 있어야 하는데 안 되거든요. 그러니까 올바른 교육이 필요하고 사회 본보기가 되는 지도계층도 있어야 합니다.

사회 권용태 지금까지 하신 말씀들을 한마디로 정리해보면 무엇보다 새로운 가치관의 정립이 대단히 중요한 문제인 것 같습니다. 김태길 교수님께서는 국민의식의 선진화를 위한 가치관의 재정립 방안에 대한 말씀을 좀 해주시지요. 의식 있는 많은 사람들은 우리가 지금 가치관의 공백기에 처해 있다고 걱정하고 있습니다만.

김태길 교수 어떤 개인의 의식구조나 가치관을 결정하는 데 가장 핵심적인 것은 그 사람이 삶의 궁극목적을 무엇으로 정하느냐에 있다고 봅니다. 돈 많이 버는 것을 최선의 목표로 삼느냐, 또 높은 관직에 오르는 것을 최대의 목표로 삼느냐, 그 밖에 무엇을 최고 가치로 보느냐 하는 것입니다. 우리나라의 경우 많은 사람들이 삶의 최고 목표로 삼는 것이 소유의 극대화와 향락의 극대화인 것 같습니다. 바꾸어 말하면 되도록 많은 재물을 가지고 그 재물을 이용해서 즐거운 향락을 누리는 것을 가장 행복한 삶이라는 생각이 퍼져 있습니다. 그래서 소유의 극대화, 향락의 극대화에 인생 최고의 보람과 행복이 있다고 생각하는 가치관을 바꾸지 않으면 우리의 의식구조를 바꿀 수 없다고 생각합니다.

그러면 어떻게 바꿔야 할까요? 앞에서 안 교수께서 말씀하신 것처럼 선비들은 되도록 많은 소유를 가지고 향락하는 것을 가장 뜻있는 생활이라고 생각하지 않았습니다. 저는 권력욕이나 금욕, 재물욕 등을 합해서 외면적 가치라고 부르고, 그 밖에 예술, 사상, 사랑, 평

268

화, 풍류 등을 합해서 내면적 가치라고 부릅니다. 안 교수께서 《인생은 예술처럼》이라는 글을 쓰신 것으로 기억하는데 그것은 자기 인생을 하나의 예술품으로 만드는 것을 인생 최고의 목표로 삼는다는 것입니다.

또는 한국을 민주사회로 만드는 데 크게 공헌하는 것을 보람으로 삼거나 자기의 인격을 깨끗하게 유지하는 것을 목적으로 삼으면 그것은 그 나름대로 가치가 있습니다. 그 내면적 가치의 세계에서 무엇을 하나 이룩하는 것을 삶의 최고 목표로 삼을 경우 우리가 노력하기에 따라서 얼마든지 총량이 커집니다. 내면적 가치의 세계를 위해서 더 많이 차지하려고 싸울 필요가 없고 협동도 가능한 것이지요. 그래서 우리가 삶의 최고 목적을 외면적 가치의 획득에 두지 않고 내면적 가치 하나를 이룩하는 데 둔다면 의식구조의 개혁이 가능할 것입니다. 그런데 문제는 돈 많이 벌어서 사치스럽게 생활하는 것이 가장 잘사는 것이라는 사람들의 생각을 어떻게 바꾸어놓을 수 있느냐 하는 것이고, 좀 전에 그 방법으로 인간교육을 말씀하셨는데 그것은 앞으로 좀 더 이야기 나누기로 하지요.

사회 권용태 그럼 다음에는 김형석 교수님께서….

김형석 교수 최근 여러 해 동안 우리 사회에서 양심의 회복이나 도덕성 회복이라는 말을 많이 해왔는데 그 자체가 과거에 잃어버렸던 것을 다시 찾아야 한다는 생각으로 집약되는 것 같습니다. 그래서 효로 돌아가야 한다든지 효의 세계화라는 이야기가 등장하는 것입니다. 하지만 앞으로 우리 미래 세대들에게는 도덕성의 회복이라는 문제뿐만 아니라 새로운 가치관의 제시가 더 중요하다고 봅니다. 앞으로 어떻게 살아야 한다는 미래지향적인 가치관의 제시가 필요하지 잃어버린 도덕성을 회복해야 한다는 소극적인 생각은 부차적인 문제라고 생각합니다.

미래지향적인 가치관은 자기 인생관의 개혁에서부터 국제무대에서도 통용될 수 있는 있는 가치관이라고 할 수 있습니다. 그런 점에서 우리는 지금 거의 가치관의 공백시대에 살고 있다고 해도 과언이 아닙니다. 우리 민족이 어떤 방향으로 어떻게 살아야 한다고 이야기해줄 사람이 아무도 없습니다. 오늘날 영국이나 미국의 앵글로색슨족이 세계를 이끌어가고 있고 앞으로도 반세기 동안은 앵글로색슨이 세계를 미국 중심으로 이끌어갈 것 같습니다. 그들이 왜 앞으로 반세기 동안 세계를 이끌어가느냐 하면 그 민족이 우수해서가 아니고 그들이 개발한 가치관이 앞섰기 때문이라고 봅니다. 우리도 세계화를 하든 안 하든 세계무대에서 살아야 하는데 미래세계에 적응할 수 있을 만한 가치관을 찾지 못하면 뒤처지고 맙니다. 세계무대에 진출한 물건이나 좀 만들었다고 해서 사람의 질이 높아지는 것이 아닙니다.

세계 어느 민족보다도 앵글로색슨족이 경험주의적 전통을 받아들이는 과정에서 가장 앞서서 흑백논리와 양분논리를 극복했고 그 다음으로 영국 사람들이 개발한 '최대 다수의 최대 행복'이라는 공리주의 사상을 1세기 이상 이어오면서 이기적인 발상과 집단이기주의를 제일 먼저 극복했거든요. 덕분에 사회를 먼저 생각하고 개인을 나중에 생각하는 사고방식이 일찌감치 자리 잡았어요.

그들이 개발한 가장 좋은 방법은 대화와 타협입니다. 그것을 통해서 객관적 가치를 추구하자는 합의의 정신이 전 세계에서 제일 앞섰다고 봅니다. 얼마 전 독일에 갔을 때 2차 세계대전 이후에 독일이 미국으로부터 가장 많이 영향을 받고 배운 것이 대화의 필요성이라는 얘기를 들었습니다. 대화가 있는 민족이라야 민주주의가 이루어진다고 봅니다. 대화는 대단히 중요합니다. 왜냐하면 대화를 못하면 객관적 가치가 나올 수 없기 때문입니다. 정당 간에도 대화를 통해서 국민을 위한 정책을 개발해야 합니다. 대화가 끊어지면 정책은 없고, 자기주장만 앞세우며, 서로 배타적인 관계가 됩니다. 노사도 대화를 통해서 객관적 가치를 추구해야 합니다.

두 분 말씀처럼 선비정신이라는 것은 정신적으로는 풍요롭게 살면서도 물질적인 가치는 배제하는 것이거든요. 검소하고 청렴한 생활, 경제적 이익이 되는 어떤 물질도 내 소유가 아니라 사회가 공유해야 한다는 생각, 이런 것은 참으로 소중한 가치입니다. 홍익인간 사상은 어떻게 하면 좀 더 많은 사람이 인간답게 살 수 있느냐를 추구하는 정신입니다. 좀 원칙적인 것 같습니다만, 정치와 경제도 어

떻게 하면 좀 더 많은 사람이 인간답고 행복하게 살 수 있는가 하는
방향에서 다뤄져야 합니다. 그리고 그런 바탕 위에서 결핍된 국민의
식과 가치관을 채워나가는 방향으로 사회를 이끌어가야 하지 않을
까 합니다.

사회 지도층의 역할과 책임

사회 권용태 선생님들이 지금까지 혼돈되고 있는 병리현상들에 대
한 치유책과 더불어 새로운 가치관의 정립 방안에 대해서도 말씀해
주셨습니다. 우리가 안고 있는 이러한 어려움을 극복하기 위해서는
우리 사회 지도층의 역할이 무엇보다 중요하다고 생각되는데요. 이
제 이들의 역할과 그 책임에 대해서 말씀해주시지요.

안병욱 교수 한국 사회의 비극과 불행의 하나가 지도적인 중추계층
이 무너진 것이라는 말을 들었습니다. 이제 이것을 다시 확립해야
되겠지요. 나는 국민들 사이에서 그런 자각이 생기고 또 그 자각에
근거해서 노력하고 훈련해서 중추적인 인물들이 많이 나오기를 기
대합니다. 그것은 자라나는 젊은 세대에게 바랄 수밖에 없겠지요.
전도가 창창한 젊은이들에게 꿈을 심어주어서 내가 나라의 기둥이
되리라는 사명의식을 갖고 인격훈련, 정신훈련에 꾸준히 힘쓰는 사

람이 나오도록 하는 도리밖에 없습니다. 도산 선생은 우리나라에 훌륭한 인물이 없다는 젊은이들의 이야기를 듣고 있다가 "훌륭한 인물이 없으면 당신 자신이 훌륭한 인물 되겠다고 결심하고 훌륭한 인물 되기를 공부하고 훈련하라"고 일갈하셨지요. 자신이 훌륭한 인물 되려는 공부는 안 하고 인물이 없다고 하는 것은 무책임하다는 얘기지요.

그러면 여기서 어떻게 하면 훌륭한 인물이 되고 그 자격은 또 무엇인가 하는 문제가 나옵니다. 나는 그 자격조건으로 지(智), 용(勇), 인(仁) 세 가지를 꼽습니다.

먼저 총명한 지혜와 비전, 명철한 논리, 멀리 보는 역사적인 안목이 있어야 합니다. 나는 늘 사람의 눈은 다섯 가지(五眼人)가 필요하다고 글에 썼습니다.

첫째는 멀리 보는 눈입니다. 역사적인 안목, 원대한 시야를 가지고 우리를 보고 전체를 보고 미래를 보는 것을 말합니다. 위대한 역사가들은 지금 여기만 생각하지 않고 멀리 보는 눈을 가지고 있습니다.

둘째는 과학적인 눈입니다. 과학자들은 독선과 아집을 버리고 객관적이고 냉철하게 사물을 봅니다. 편견과 독선과 아집을 버리고 객관적으로 바라보는 훈련이 필요합니다.

셋째는 철학적인 눈입니다. 깊이 보는 것이지요. 철학자는 사물의 현상만 보지 않고 현상의 배후에 있는 사물의 핵심과 근본을 생각합니다. 전체를, 미래를, 근본을 봐야 돼요. 사물의 핵심을 꿰뚫어 보는 예리한 통찰력을 가진 철학적인 눈을 길러야 합니다.

넷째는 종교적인 눈입니다. 이것은 세상을 따뜻하게 보는 것이지요. 남을 무시하고 멸시하고 학대하고 자기만 생각하는 눈이 아니라 불교식으로 말하자면 대자대비한 마음을 가지고, 부처님의 눈을 가지고 사물을 보는 것을 말합니다. 그리스도의 눈을 가지고 사물을 보고, 공자의 눈을 가지고 사물을 보는 것이 종교적인 눈이라고 생각합니다.

마지막으로 예술가의 눈입니다. 아름답게 보는 것이지요. 세상 사람들은 자꾸 추하게만 보려고 하지 아름답게 보려고 하지 않는데 예술가들은 모든 것에서 미를 발견합니다.

적어도 지도자가 되려면 이런 다섯 가지 눈을 가지고 나라 전체를 생각하고 미래를 생각하고 또 우리를 생각해야 합니다.

훌륭한 인물의 두 번째 자격조건은 용기입니다. 지도자들은 결단력과 실천력을 갖춘 용기가 있어야 합니다. 말로만 해서는 안 되거든요. 지도자 자신이 솔선수범하는 용기를 본보기로 보여야 국민들이 따라갑니다. 교육적으로도 가장 효과가 큰 것이 본보기 교육입니다. 진실의 본보기, 애국심의 본보기, 성실의 본보기, 봉사의 본보기를 보여주는 지도자가 나와야지요. 말만 가지고 되는 것은 아닙니다.

세 번째 자격조건으로 어진 성품, 인(仁)이 중요합니다. 포용력과 덕을 가지고 사람을 다스려야 합니다. 플라톤은《국가론》에서 "철학자가 왕이 되거나 왕이 철학을 배워서 정치적 권력과 철학적 지혜가 손을 맞잡지 않는 한 인류의 불행은 영원히 그칠 날이 없을 것이다"라는 명언을 남겼는데, 오늘날의 불행은 권력 가진 자에게는 정의감과 지혜가 없고 또 지혜를 가진 사람에게는 그것을 실천할 수 있는 힘이 없다는 것입니다. 힘없는 정의, 지혜 없는 권력으로는 곤란하거든요. 공자도 나라를 다스릴 때 힘 가지고 하지 말고 덕을 가지고 해야 한다는 덕치주의, 덕치사상을 이야기했고, 맹자도 두 가지 방법으로 왕도와 패도를 이야기했어요. 덕을 가지고 나라를 다스리는 왕도가 있고 힘으로 다스리는 패도가 있는데 왕도가 진짜 정치의 옳은 길, 즉 정도이고 패도는 일시적인 것입니다.

지, 용, 인의 세 가지 덕을 구비한 지도층이 나와서 국민에게 솔선하는 본보기를 보여주어야 국민들이 따라가지, 그렇지 않고 미사여구로 아무리 이야기하고 떠들어봤자 아무 소용 없습니다. 국민들이 거들떠보지도 않을 테니까요.

김태길 교수 인간다운 삶을 지향해야 한다는 말씀을 하셨는데 어떤 것이 인간다운 삶인가를 살펴볼 필요가 있습니다. 우리 사회에서는 인간다운 삶이라는 것이 호화롭고 풍요롭게 사는 것이라는 생각이 상당히 팽배해 있어요. 그런데 인간다운 삶은 호화로운 생활이 아니라 정말 정신적으로 인간답게 살고 그것을 실천하는 삶이에요. 그런 방향으로 생각을 바꾸려면, 아주 구체적으로 말해서 우리 사회의 사치와 낭비 풍조를 없애야 합니다. 나는 사치와 낭비 풍조가 모든 해악의 근원이라고 봅니다. 사치와 낭비가 좋은 것이 아니라는 것을 알리고 그런 쪽으로 가치관이 바뀌어야 하는데 이렇게 하는 데는 대중매체의 역할이 대단히 큽니다.

옛날에는 선생님이 중요했지만 요즘은 TV, 라디오, 신문이 선생입니다. 여기에서 사치와 낭비가 아닌 검소한 생활을 권장해야 하는데 사실은 대중매체가 사치와 낭비를 권장하고 있습니다. 우리나라 대중매체라는 것이 다 상업주의에 물들어 있어요. 방송이 살아남으려면 광고를 많이 해야 합니다. 광고라는 것이 전부 사치와 낭비를 조장하는 것이거든요. 그래서 이 사치와 낭비를 억제하는 역할을 맡아야 할 대중매체가 제 할 일을 다 하지 않고 있어요. 이 점은 개선되어야 합니다.

또 한 가지는 사람은 누군가를 보고 닮으려고 한다는 점입니다. 그 모방의 대상이 되는 사람, 즉 본보기가 될 사람들이 검소한 생활을 해야 합니다. 그들은 연예인이나 운동선수, 정치계의 높은 지위에 있는 사람들 같은 스타들입니다. 대중들은 이런 사람들을 비난하면서도 뒤따라가거든요. 그 모방의 대상이 되는 사람들이 아주 검소하고 바른 생활을 해야 합니다. 윗사람들부터 사치와 낭비를 줄이는 시범을 보이는 것이, 일반 시민들이 검소한 생활에 대한 바람직한 가치관을 갖게 만드는 하나의 구체적인 방안이 되지 않을까 생각합니다.

사회 권용태　지금 사회지도층이 가져야 할 역할과 책임에 대해서 좋은 말씀을 해주셨는데 김형석 교수님께서 지도층들이 가져야 할 덕목까지 곁들여서 말씀해주신다면.

김형석 교수　선진국을 보면 창조적인 소수가 위에 있고 지각 있는 중간층이 바로 다음을 차지하고 그 아래에 소수의 모방하는 계층이 자리 잡고 있는 사회구조를 이루고 있습니다. 그것을 선진국가, 경제적으로는 중산층이 많은 나라라고 하는데, 우리는 아직 그런 구조에 도달하지 못한 탓에 지도층과 모방층으로만 구성되어 있는 것 같아요. 지금 지도층이 정신적으로 방향도 없고 가치관도 빈곤하기 때문에 아주 쉽게 말하면 남보다도 더 많이 공부하는 지도층, 배우고 성장하는 지도층이 되었으면 좋겠습니다. 그 다음에 지도층은 권리와 의무가 공존하는 사회가 되어야 한다는 점을 철칙으로 받아들였으면 좋겠어요. 공무원의 복지부동(伏地不動) 문제가 거론되는 것도 의무는 주었지만 권리는 주지 않아서인 것 같아요. 따라서 의무와 권리가 공존하는 사회가 되어야 합니다.

　그리고 지도층은 봉사가 최고의 미덕이라고 하는 것, 봉사정신이 결핍된 사람은 지도자가 될 수 없다는 것을 확고하게 정했으면 좋겠어요. 큰일이든 작은 일이든 적어도 지도자가 되려면 다음과 같은 마음가짐을 갖춰야 한다고 생각해요. '나는 봉사하기 위해서 윗사람이 된 것이다. 봉사하지 않으려면 윗사람 될 자격이 없다.'

그리고 김태길 교수의 말씀처럼 지도층은 소유욕을 가져서는 안 됩니다. 명예도 권력도 재산도 마찬가지인데 지도층이 소유욕의 노예가 되었다는 것 자체가 봉사정신을 못 가졌다는 것을 반증하기 때문입니다.

비전은 국민 스스로 만들어야

사회 권용태 지금 국민에게 희망을 줄 수 있는 구체적인 비전이 없다는 말을 듣습니다. 뚜렷한 비전이 제시되지 못하고 있다는 지적에 대해서 희망적인 비전을 주어야 할 것으로 생각되는데 결론 삼아 21세기 한국인들에게 희망을 줄 수 있는 구체적인 비전에 대해서 말씀해주시기 바랍니다.

안병욱 교수 1977년 〈뉴스위크〉 5월호에 한국을 특집으로 실으면서 그 제목이 '한국인들이 달려오고 있다'였습니다. 그 기사 첫머리에 "일본 사람을 게을러 보이게 만들 수 있는 세계 유일한 민족은 오직 한국인밖에 없다"라고 아주 격찬을 했어요. 빈곤을 몰아내기 위해서 근대화와 경제건설이라는 깃발을 내걸고 일치단결해서 열심히 뛰었습니다. 그런데 이제는 그때의 정열, 열성, 근면, 협동정신이 다 없어지고 말았어요. 가난할 때는 그렇게 허리띠 졸라매고 뛰더니 이

제 빈곤이 해결되고 1인당 국민소득 1만불에 세계 열두 번째의 경제 규모를 갖게 되니까 해이해져서 부패와 타락이 시작되었어요. 인간의 부패는 세 가지에서 오는 것 같습디다.

하나는 권력의 부패입니다. 권력의 속성 가운데 부패하는 속성이 있어요. 권력을 갖게 되면 독재하기 쉽고 부패하기 쉽고 교만해지기 쉽습니다. 독재·부패·교만 이것이 권력이 가지는 3대 병리입니다.

그 다음에 돈에서 부패가 생깁니다. 돈의 생리는 구매력이 있다는 것입니다. 무엇이든지 살 수 있거든요. 저마다 소유욕의 확대를 위해서 노력하는데 돈은 부패하기가 쉽습니다.

또 하나 부패하기 쉬운 것이 자유입니다. 자유란 외적 속박이 없는 상태입니다. 강제가 없는 상태에서의 자유인데 자유에는 방향이 없어요. 자유는 나를 억압하는 강제를 없애주는 것이지 자유가 우리에게 무엇을 하라는 이야기는 안 합니다. 그것은 자유를 사용하는 사람이 선택할 문제입니다. 자유의 가장 구체적인 표현은 선택입니다. 그런데 우리가 자유를 잘 쓰지 않고 남용하고 외용하고 악용하면 자유가 타락합니다. 온갖 자유가 있는데 어느 자유를 선택할 것이냐 하는 것은 국민의 양식의 문제입니다. 그래서 자유사회는 자칫 잘못하면 부패하고 맙니다.

19세기 독일의 유명한 철학자인 레오폴트 랑케(Leopold von Ranke)는 한 나라의 흥망성쇠를 좌우하는 결정적인 요소를 군사력이나 경제력 또는 국토의 넓이가 아니라 도덕적 에너지(moral energy)에서 찾았습니다. 부지런하고 협동하고 약속 지키고 공정하고 신용 지키고 거짓말 안 하는 것이 도덕적 에너지거든요. 이것이 풍부해야 나라가 강해집니다. 지금 우리 국민들은 도덕적 에너지가 너무 약해요. 이제 중요한 것은 그동안의 '잘살기 운동'보다 '바르게 살기' 같아요. 말도 바르게 하고 행동도 바르게 하고 정치도 바르게 하고 경제도 바르게 하는 운동입니다.

소크라테스가 기원전 399년에 아테네 감옥에서 독배를 마시고 죽으면서 한 이야기가 "사는 것이 중요한 문제가 아니다. 바르게 사는 것이 중요하다"라고 말했어요. "진실하고 정직하게 살자, 아름답게 살자, 보람 있게 살자. 이것이 바르게 사는 것이다"라고 했습니다.

민족이 사는 길, 우리가 번영하는 길은 바르게 살기입니다.

김태길 교수 지금 남북통일, 선진국으로의 도약 등 여러 가지 언어상의 비전은 제시되어 있습니다. 그러나 현실에서 비전이 안 보인다는 것이 문제입니다. 현실적인 비전이 안 보이는 것을 두고 보통 지도자들이 잘못해서 그렇다고들 말하는데 지도자들이 비전을 안 보여준다고 불평할 것이 아니라 국민 각자가 비전이 있는 나라가 되도록 해야 할 것입니다.

도덕적인 에너지를 부여해야 한다는 말도 같은 맥락에서 이해할 수 있습니다. 남에게 비전 제시를 요구할 것이 아니라 민주시민 각자가 스스로 비전을 발견하고 비전을 만들어나갈 책임이 있다고 생각합니다. 적어도 고등학교 이상의 교육을 받은 사람들이니 충분히 그럴 수 있다고 봅니다.

안병욱 교수　전에도 이야기했습니다만, 지도자만 바라보지 말고 역사의 주인, 나라의 주인, 공동체의 주인, 가족의 주인, 내 인생의 주인인 국민 각자가 주인의식을 가지고 자기의 인격혁명부터 시작해 나 자신을 뜯어고쳐나가는 노력이 뒤따라야겠습니다.

　나는 이런 걱정을 합니다. 앞으로 한국 국민들이 고쳐나가지 않으면 천민민주주의(pariah democracy)와 천민자본주의(pariah capitalism)로 전락할 가능성이 많다는 것입니다. 지금도 천민민주주의와 천민자본주의로 전락하고 있어요. 멱살 잡고 싸우는 것도 그렇고 대화 못하는 것도 그렇습니다. 천민민주주의가 되지 않고 '현민(賢民)민주주의', '현민자본주의'가 되려고 하면 국민 각자의 질이 높아져야 한다고 생각합니다.

사회 권용태　비전이 없다는 것은 희망을 잃어버린다는 말과 같다는 생각이 드는데요. 김형석 교수님께서도 한국인에게 희망을 줄 수 있는 구체적인 비전을 말씀해주시지요.

김형석 교수　비전이 없다, 비전을 주는 사람이 없다는 말이 왜 나왔을까 하고 생각해보니 국민들이 강력한 비전을 제시하는 지도적 인물을 그리워하기 때문이 아닐까 하는 염려를 하게 됩니다. 정치적 부패문제를 논외로 한다면 박정희 전 대통령 같은 지도자는 국민들에게 근대화라는 역사적 과정을 심어준 인물로, 일하는 민족만이 산다, 열심히 일해야 한다는 풍토를 조성해 국가경제를 발전시킨 것이 사실입니다.

우리가 지도자에게 특별한 것을 원하지 않더라도 꼭 우리 역사에서 밟아야 할 과정을 제시해주어야 하는데 지금은 그것마저 없으니 국민들은 비전이 없다고 생각합니다. 두 분의 말씀처럼 비전은 누가 주는 것이 아니라 국민 스스로 만들어가야 합니다. 여기서 비전을 제시해줄 수 있는 지도층과 스스로 만들어가는 국민 사이를 연결하는 것이 뭐냐 하면 참여의식입니다. 정치, 경제, 문화, 복지 등 여러 분야에서 시민의 참여도가 높은 사회가 되어야 합니다.

구소련이 인공위성을 먼저 쏘았을 때 미국과 자유진영 세계는 당황했습니다. 그때 소련이 달에도 먼저 갈 것이라고 생각했지만 결국에는 미국이 먼저 갔습니다. 당시 언론에서는 그 이유를 이렇게 분석했습니다. "소련의 사회체제에서는 30만 명이 협동해야 달에 갈 수 있다. 그러나 3만 명까지는 협력이 가능하지만 30만 명은 어렵다. 그런데 미국은 3만은 물론이고 30만 명도 협력이 가능하기에 달에 먼저 갈 수 있었다." 그러니까 구소련 사회는 단기간의 작은 목표는 달성했지만 장기간의 큰 목표는 달성할 수 없다는 말이지요.

그런 점에서 비전은 지도자를 비롯해 우리 개개인의 참여가 없이는 생기지 않습니다. 따라서 참여의식, 참여도를 높여야 합니다. 그 참여도에 동기를 부여하는 공감대를 형성하는 것은 두 분이 말씀하신 대로 도덕적인 활력입니다.

나는 영국을 떠올리면 가장 부러운 것이 토인비나 러셀 같은 인물이 항상 막힌 길을 열어주었다는 점입니다. 교수들은 국회의원이나 장관의 스승으로 남아야 합니다. 국회의원이나 장관의 스승이 없으면 사회가 어떻게 될까요? 국민들의 눈으로 보면 국회의원, 장관이 지도자지만 국회의원, 장관의 지도자는 교수와 학자라고 생각합니다. 그래서 교수가 자진해서 국회의원이나 장관이 되려고 하면 그것은 지성의 타락이고 불행이라는 생각을 합니다.

비전이 없다는 것은 희망을 못 가진다는 것이므로, 우리가 함께 참여의식과 도덕정신과 미래를 위한 창조력에 바탕을 둔 비전과 희망을 찾아가도록 노력해야 한다고 생각합니다.

김태길 교수　나는 우리에게 희망이 있다고 생각합니다. 그렇게 생각하는 근거는 한국 사람들은 굉장히 생활력이 강한 민족이기 때문입니다. 또 한국인들이 감정이 우세하다고 했는데 감정적인 사람이라도 물길만 잘 잡아주면 굉장한 힘을 가지고 앞으로 나아갈 수 있습니다. 과거 역사를 봐도 그렇습니다. 우리가 심기일전해서 바른 물길로 힘을 합치면 능히 위기를 극복해나갈 수 있습니다.

일본 사람들은 과거 한국이 자기네 식민지였다는 이유로 우리 국민을 약간 깔보는 경향이 있는데 한국에 와서 보니 깔볼 사람들이 아니라고 했다는 이야기가 있습니다. 말하자면 에너지가 무섭다는 것을 느꼈다는 얘기입니다. 그들이 무엇으로 그것을 느꼈을까요? 판소리의 높은 음이 올라갈 때 기가 질릴 정도의 생명력을 느꼈고, 커다란 막걸리 그릇, 그 스케일에 기가 눌렸답니다. 또 거지들이 부르는 장타령, 각설이타령이라는 노래나 장애인들의 춤을 묘사한 꼽추춤이라는 민속 춤에서도 드러나듯이 우리는 예로부터 고난 속에서도 희망을 잃지 않고 흥겹게 노래하고 춤출 수 있는 에너지를 가지고 있는 민족입니다. 그래서 우리가 방향만 제대로 잡아간다면 충분히 잘될 수 있다고 생각합니다.

안병욱 교수　도산 선생의 말씀을 하나 제시하겠습니다. 그분은 일제강점기의 암울했던 시기에도 "우리는 근본이 우수한 민족이오"라고 했습니다. 이것이 도산의 결론이었어요. 그러니까 우리도 낙심하지 말아야지요.

김형석 교수　저는 지난 50년 동안 우리 민족이 이뤄낸 것은 앞으로 어떤 민족도 50년 만에 이뤄낼 엄두를 못낼 것이라고 생각합니다. 사실 지난 50년 동안 우리가 그 역경 속에서 이뤄낸 것은 경이로움 그 자체입니다. 그러니 앞으로 50년 동안 또다시 도전해도 못 해낼 이유가 없습니다. 저는 두 분 말씀처럼 희망은 있다고 봅니다.

그래서 모든 국민의 용기와 지혜를 하나로 묶어서 우리의 희망을 우리 스스로 만들어가야 합니다. 저는 홍익인간의 정신이 참 귀하다고 보는데 한마디로 어떻게 하면 좀 더 많은 사람이 인간답게 살 수 있도록 만드는가 하는 것입니다.

저는 우리 민족에게는 하나의 방향이 있기 때문에 앞으로 50년 동안에도 다른 민족이 놀랄 정도의 또 하나의 기적을 이뤄내는 것이 충분히 가능하다고 생각합니다.

사회 권용태   예정된 시간을 넘어서까지 값진 말씀을 해주셔서 감사드립니다. 오늘 선생님들을 뵙고 말씀을 들으니 마흔에도 노인이 있고 일흔에도 청년이 있다고 하는 이야기가 생각납니다. 오늘날 가치관의 상실과 혼돈에서 벗어나는 길은 무엇보다 국민의식의 일대 개혁이 필요하다는 결론을 도출해냈다고 생각합니다. 장시간에 걸쳐서 역동적이고 경륜에 찬 좋은 말씀을 해주신 데 대해 감사드리면서 이번 좌담을 마칠까 합니다.

철학 삼총사 300년 인생의 정신 유산
"이 마음, 이 가르침대로 살고 싶습니다."